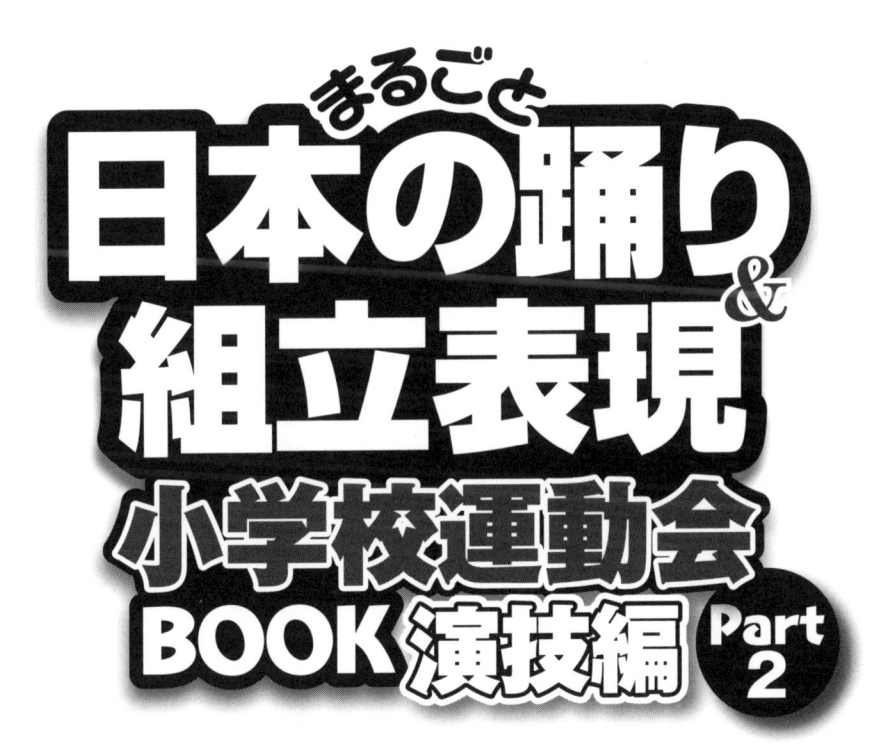

まるごと日本の踊り&組立表現
小学校運動会BOOK 演技編 Part2

黒井信隆【編著】

いかだ社

はじめに

　本書は、前著『まるごと日本の踊り　小学校運動会BOOK演技編』の続編に当たるもので、内容は大きく2つの章で構成されています。
　1つは、「組立表現」の演技を3本載せています（うち1つは民舞「みかぐら」とセットになっています）。組立表現については、「組表現をしよう！」（p6）に書かれているように
　[スタート]まずは実行委員会を立ち上げる。
　①組み立て技を使って何を表現するのか。
　②ストーリー（イメージ構想）を子どもたちと共に考える。
　③ストーリーに沿って、合う技を決める。
　④主体性を生かすためのグループづくり。
　⑤音楽を決め、カウントに合わせた技の構成をする。
　⑥ナレーションを入れ、カウントに合わせる（全体を完成させる）。
という視点で取り組むことが大切であると考えます。
　2つ目は、「日本の踊り」の続編として、沖縄の踊り3本（「ミルクムナリ」「安里屋ユンタ」「唐船ドーイ」）と「よさこいソーラン」「大森のみかぐら」「こきりこ」の計6本の踊りを載せています。

●運動会と団体演技

　運動会は、子どもの見方や学校のあり方について、教職員でじっくりと話し合いができるよい機会となるものです。運動会の準備・運営活動を通して、子どもたちが組織的に参加し、父母の参加や協力も得られるなど、学校を支える力が1つに結集される場でもあります。したがって、運動会実践を見直し、新しく創りかえることは、学校づくりの大切な1歩になります。素晴らしい運動会実践は、素晴らしい学校づくりから生まれます。
　運動会の種目の中でも、練習時間の中心になるのが団体演技ではないでしょうか。学校の舞踊教育は、戦後から創作ダンスとフォークダンスが指導され、70年代頃から「民舞」教育が実践されてきました。年間数時間という限られた表現運動の時間の中で、子どもたちにどんな舞踊文化を伝え、どんな子どもに育てるのかを考えるのは、とても大切なことです。学校教育では、踊れるようになるだけでなく、文化性や表現の技術や科学を理解していくことが重要です。
　最近では、現代的なリズムのダンスがでてきて、ストリートダンスなどが取り上げられるようになりました。また、沖縄の踊り（エイサー）などの実践も盛んに行われています。

●エイサーの実践

　もともとエイサーは盆の最中に先祖の霊を慰めるために踊られてきた踊りで、そこで歌われる歌も念仏の影響が色濃く残るものと言われています。戦後のエイサーコンクールの

始まりをきっかけとして、流行の民謡を取り入れ、服装や振り付けを工夫し、躍動感のあるエイサーに変わってきました。沖縄では地域によって今も30以上のエイサーがあるそうです。

今回、「琉球國祭り太鼓」(1982年にエイサーを基本にしてつくり上げられた太鼓集団)が振りを付けた「ミルクムナリ」を載せています。

「ミルクムナリはエイサーなのか」と疑問視する声も聞きます。現代的な踊りを学校を通して伝えることでシマの踊りが届かなくなる、「エイサーはただ踊れるだけじゃなくて、その奥にあるものを知ってもらいたいから」などの考えです（平野和弘『楽しい体育・スポーツ』2006年8月号　創文企画）。私は、ミルクムナリをエイサーの1つとして捉えていきたいと思っています。そして、地域によっていろいろなエイサーがあるのも当然です。これからもエイサーの実践では、その地域の独自性を追求し、発展させていってほしいと思っています。

●時代を反映した"民舞"

「よさこいソーラン」は、北海道の「ソーラン節」と高知県の「鳴子踊り」の交流から生まれた踊りです。もともとこの2つの踊りにはない、ある種の軽快なリズムに乗って自由に踊ります。決まった踊りがなく、それぞれの踊りのグループが自由に振り付けして踊っています。今日という時代の世相や感覚を反映した踊りと言えるでしょう。このような、生活に根ざした民衆の思いが込められている踊りもまた民舞であると広く捉えていきたいと思っています。

「南中ソーラン」（前著に収録）も、楽しく気持ちよく踊れる満足感があって、多くの学校で実践され、地域の父母に感動を与えています。南中ソーランにも「これは民舞なのか」という議論があり、民舞というよりも現代的なリズムで振り付けられたステージダンスと捉える人もいます。南中ソーランを"民舞"と呼ぶかどうかは別として、観る者・踊る者の心を捉える踊りであることはまちがいないでしょう。

●民舞を取り上げる意義と楽しさ

私たちには、長い歴史の中で生まれた運動文化を継承して、新しい運動文化を創造・発展させていくことが今求められています。

私たちは、民舞を教材として取り上げる価値を、次のように考えます。
①芸術性・文化性の高さ
②思想性。民衆の願いとともに踊り継がれている。
③日本の子どもに、日本の踊りを。日本の踊りの持つ固有のリズムを身につけた上で、他の国や地域のリズムを身につけることができる。

そして、民舞実践において、子どもたちに次のような楽しさを味わわせたいと思っています。
　①踊ることを通して身体表現する楽しさ
　②基本的技術や決まった作品を習得する楽しさ
　③仲間と踊り、集団で高まる楽しさ
　④自分の思いを作品に表現する楽しさ

●舞踊教育で身につけたい力

　私たちは、舞踊教育でつけさせたい力として、次の5つをあげたいと思います。
1. 踊りを分析する力
　踊りの振りが、身体のどのような動きでなされているのかの理解。例えば、ナンバ・すて足・間合い。重心移動・足の運びや手の動きなどが分かる。この力が動きを覚える重要な力です。
2. 踊りを総合する力
　新しい踊りを覚える時に、自分なりに動きをイメージ化して身体を動かしていく力。分析したことが分かり、身体で動ける力です。
3. 既成作品の中で自分らしい表現ができる力
　動きの意味などを理解し、自分の気持ちを託して表現できる力。例えば、ソーラン節なら漁師になりきって表現する力。
4. 舞踊の歴史的背景が分かる力
　社会的認識力。その踊りがどんな社会や生活の中から生まれ、どんな思いを込めて踊り継がれてきたのかなどを理解する力。
5. 発表などを組織運営する力
　表現活動とは、人に見せるということが非常に大きな意味を持ちます。発表会を子どもたち自身が組織し、運営できる力は、文化の担い手としての力にもつながると考えています。子どもの事実に目を向け、運動会でどんな力をつけるのか、子どもの認識・発達に見合っているのか、発達を保障する中身があるのかを考えていくことが、「子どもが真に主人公になっているのか」ということにつながってくると思います。

　最後に、この本を少しでも今後の運動会実践や学校行事の企画に活用していただければうれしく思います。

黒井信隆

目次

はじめに……………2

【組立表現】

組表現をしよう！

「笑い合おう仲間と共に…」

「つながろう心ひとつに
　　　つなげよう未来へ！」 ●高学年………………6

MIKAGURA,PEACE and LOVE ●高学年………………30

地球の誕生、そして未来・21世紀へ ●高学年………………40

【日本の踊り】

よさこいソーラン ●中・高学年………………58

大森のみかぐら ●高学年………………74

ミルクムナリ ●中・高学年………………88

安里屋(あさどや)ユンタ ●低・中学年………………116

唐船(とうしん)ドーイ ●低・中学年………………123

こきりこ ●低学年………………130

組表現をしよう！
「笑い合おう仲間と共に…」
「つながろう心ひとつに つなげよう未来へ！」

高学年

用意するもの●BGM用の音楽
運動会での服装●半そで　長トレ　腰ひも　はだし

はじめに
「組立体操」ではない「組立表現」

　一般的に言われる「組立体操（組体操）」を、本稿では「組立表現（組表現）」ととらえています。中身を読むと、組体操と同じではないかと思われる方もおられるでしょうが、あくまで「体操」ではなく「表現」です。「組み立て技」を使ってテーマに沿ったイメージを表現するからです。

　組体操といえば、決められた技を決められた通りに次々とこなしていくことになりますが、そこに子どもたちの主体性はどれほどあるでしょうか。最近でこそ音楽に合わせ、技にイメージを持たせて行われることが多くなりましたが、それでも音楽は1つの「効果」にすぎないことが多いのが現実です。

　なぜその技が必要なのか。子どもたちが自分たちの技や動きに意義を感じ、意味を持たせることは、とても重要なことなのです。「やらされる」から「自分たちで創り上げる」ことに重きを置いて指導していきます。

　そのためには、「何を表現するのか」からスタートする必要があり、まずその第1歩が「テーマ決め」であると考えます。そして、そのような決めごとを進めていくためには、中心となり動いていく実行委員会が必要となります。その実行委員会を中心に、次のような順序で学習や練習を進めていきます。もちろんいくつかが並行して行われ、その節々で子どもたちが主体的に動きます。

【スタート】まずは実行委員会を立ち上げる。

(1) 組み立て技を使って何を表現するのか──テーマを決めよう！
　　本当に表現したいものは何かについて話し合う。
(2) ストーリー（全体のイメージ構想）を子どもたちと共に考える。
(3) ストーリーに沿って、合う技を決める。
(4) 主体性を生かすためのグループづくり。
(5) 音楽を決め、カウントに合わせた技の構成をする。
(6) ナレーションを入れ、カウントに合わせる（全体を完成させる）。

(1) 組み立て技を使って何を表現するのか ── テーマを決めよう!

　本当に表現したいものは何かを考えた時、テーマを考えるのが大切です。自分たちが決めたテーマに合わせてストーリーを構成し、そのストーリーに見合う技を使い表現していくのです。では実際にどのような進め方をするのか、1例をあげながら紹介しましょう。

　テーマは子どもたちから募集します。学年全体から募集すると、かなりの量の案が出てきます。以前行った組表現の際に子どもたちが考えたテーマを集約すると、表1のような案が集まりました。

　一番多かった「友だち」「仲間」のテーマをもう少し細かく見ていくと、表2のようなテーマが出されていました。(一部抜粋)

　またある時は「それまでの組表現のテーマを提示し、そこから考えさせていく」という形もとりました。いずれにしても大切なのは、「組み技を使ってどのようなことを表現するのか」を自分たちで考え、具現化していくことに重きを置くことだと考えています。表3のワークシートは、その1例です。

(表1)

```
A　組体操のテーマ決め　(第1回実行委員会)
　◎友だち・仲間 (44人)
　　・今よりずっとすばらしい世界を仲間と共につくりたい。
　　・最後の運動会だから、仲間と協力し合ってがんばりたい。
　○平和 (17人)　○未来 (10人)　○大地 (9人)
　○絆 (6人)　○夢 (3人)　○勇気 (2人)
```

(表2)

```
・仲間と共に! (20人)　・仲間との永遠の絆　・深めよう絆を　仲間と共に!
・仲間と力を合わせて　・仲間を一つに　・仲間を信じて心を一つに
・仲間と共に協力して未来を造ろう!　・仲間とともに…未来へ!
・仲間との組み体操　・みんなで築こう!友達とのきずなを!
・友は仲間、仲間は友　・仲間と一緒(に)　・宝物は友だち
・太くなれ!友だち関係　・仲間の塔　・みんなでいっしょに
・103人の心を一つに (※この年は、学年全員で103名でした)
・6年103人の心を一つに
```

組表現をしよう！

最後の運動会!! 組表現のテーマを考えよう

6年　　組
(　　　　　　　　　　　　　　)

　運動会にむけて、いよいよ動き出す時がきました。今年度から、5・6年生合同で組体操を行う予定でしたが、学校の先生全員で相談して考え、6年生だけで行うことになりました。

　組体操では、沢山の先生方に大変お世話になります。学校全体で、みんなの組体操を応援してください。また、お家の方にもたくさん助けていただきます。

　組体操は、例年みんなでどんな技を組み合わせてつかうかを考えてつくりあげてきました。みんなの伝えたいこと、これまでみんなが学んできたこと、を表現していきます。だから、ここでは、あえて**「表現」**という言葉をつかいます。

　みんなでつくる組表現!!　心や体の準備はOKですか？？？

過去のテーマ
- 笑い合おう　仲間と共に～絆！ベストフレンズ!!～
- なかまと見つけたやさしさ
- 大地とともに～命かがやく希望の未来～
- つなげよう心ひとつに

　みんなでつくりあげる組表現。みんなの考えたテーマをもとに組表現実行委員が、組表現を考えていきます。自分は、どんなテーマにしたいかしっかり考えて書きましょう。

組表現のテーマ
(　　　　　　　　　　　　　　　　　　　　　　　　　)

なぜそのテーマにしたいのか（こんなことを大切にしたい！など）
(　　　　　　　　　　　　　　　　　　　　　　　　　)

これらの意見をもとに、実行委員会で本テーマを考えました。
ある年は、次のような経緯でテーマが決まりました。

☆「仲間と共に」「友だち」「仲間…」など、「仲間」や「友だち」をもとに具体的なテーマを考える。必要であれば、他の言葉もテーマの中に入れていく。
　（例）「仲間と共に、絆を深めて」「夢、仲間と共に」など

「笑い合おう、仲間と共に～絆！ ベストフレンズ!!～」

また、別の年では、テーマの感じこそ違いますが、「仲間」をコンセプトにしたテーマで似たような進め方になったこともありました。

「つながろう心ひとつに　つなげよう未来へ！」

いずれも少し長いテーマでしたが、この2つの年は、「仲間」に対する思い入れが子どもたちの中に強かったことを物語っています。
別の年には「大地と共に！」というテーマで、人と自然との共存、人間の成長をストーリーとしました。また違う年には、「地球誕生」というシンプルなテーマだったこともあります。「地球誕生」がテーマだった年は、社会科と総合で学習した内容が子どもたちの印象に残っており、それを組み技で表現しようということになりました。
組表現のテーマは、その年その年の子どもたちの印象に残った学習内容や出来事が出てくるのです。

Point　実行委員会は何をするところなのか？

実行委員会の仕事
①みんなが考えたテーマから多いものを中心に絞り、どんなテーマにするのか、考え決定する。
②テーマからストーリーをつくる。
③ストーリーに使える技を集める。
④使うための技を自分たちで試してみる。
⑤技の紹介として、実際にみんなの前でやってみせる。
⑥ポイントをみんなの前で説明する。

※これらの途中では、考えをクラスに持ち帰り、みんなで検討することもあります。

(2) ストーリー（全体のイメージ構想）を子どもたちと共に考える

　テーマが決まれば、次はストーリー構想です。テーマに合ったストーリーをどのようにつくるか。これには教師の手助けが必要です。手助けとはいえ、テーマに必要な場面は子どもたちが考えたものを使います。この年は、教師がリードする形で実行委員と共にストーリーをつくりました。表4は、「笑い合おう、仲間と共に～絆！ベストフレンズ!!～」がテーマだった年の組表現の構想です。

(表4)

B　全体的なストーリー構想「教師提案」（第2回実行委員会）

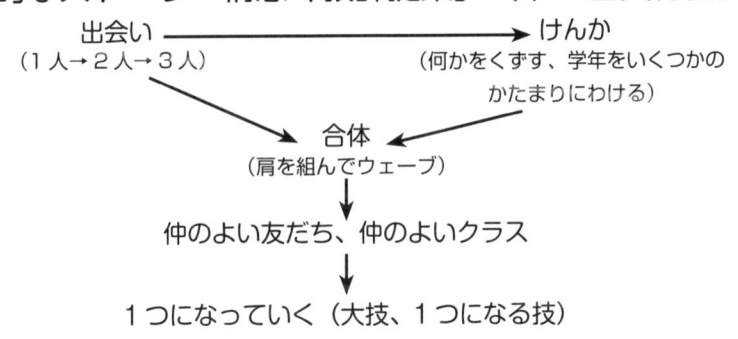

```
    出会い ─────────────────→ けんか
 (1人→2人→3人)                  (何かをくずす、学年をいくつかの
                                      かたまりにわける)
        ↘         合体        ↙
            (肩を組んでウェーブ)
                  ↓
         仲のよい友だち、仲のよいクラス
                  ↓
         1つになっていく（大技、1つになる技）
```

＜組表現の全体イメージ＞

第1案
①出会い……1人技や2人技で、初めての仲間との出会いから友だちになっていくまでの心の様子を表現する。（不安、期待、喜び　など）
②築き1……2人技～6人技を使って、友だちと様々な活動を通して友だちの輪が広がり、仲間としての気持ちを高めていく活動やその様子を表現する。（班活動、学級活動、学年活動、〇〇大会など）
③築き2……集団技（4人～10数人）で、仲間が1つになっていく様子や大きく広がっていく活動の様子を表現する。
④崩れ……疑い、不安などで起こるケンカやいさかいなど、友だち関係が崩れていく様子を表現する。（例：「つくった技をこわす」または、踊りやダンスで表現）
⑤新たな築き……大技（ピラミッドやタワーなど）で、「友だち」「仲間」とのこれからの活動や未来を表現する。

第2案　ストーリー構想「教師提案」の修正
　第1案に対して、付け足しや考え直したい点があれば、自分たちで考える。
　この年は、初めの出会いのところを1人技から始めるのではなく、2人技から始めようということになった。音楽もこれに合わせて、子どもたちが探してきた曲と教師の案を合わせて考えていくことになった。

Point　ストーリー構想後への見通し（必要な取り組み）を持つ。

〇技あつめ→技の決定→技の説明と練習
〇ストーリーの完成
〇音楽（曲）さがし→音楽（曲）選び

組表現をしよう！

（3） ストーリーに沿って、合う技を決める

　組み技は、さまざまなガイドブックやマニュアル本に載っています。それをもとに実際に実行委員がやってみて、ストーリーの各場面に合う技をピックアップします。例えば「出会い」の場面なら、「初めは２人で向かい合っている方がいい」などの意見が出てきます。そこで２人技の「立ちＶ字２人バランス」を選ぶ、という要領です。

　時間がかかるため、技のポイントも含めある程度は教師が案を持っておき、過程の一部を実行委員に任せたり、実行委員数人のグループごとに分担させたりするとよいでしょう。
　ちなみにこれらの取り組みの中で、実行委員が表５のような技のポイントを完成させました（イメージ図はp21～24を参照）。

```
C 「技あつめ」をしよう！ （第３回実行委員会）
        テーマとストーリー（イメージ）についての確認
                      ↓
              技あつめ（１人技～５人技）
                      ↓
          実行委員が１つ１つの技のつくり方と
          ポイントを説明できるように考えてくる。
```

Point　技の紹介とポイント説明は、実行委員会が！

(表５)

組み技のポイント

ブリッジ（１人技）＋片足上げ
1　あお向けに寝る。
2　手を耳の横の床につけ、足を曲げて床につける。
3　手と足で体を持ち上げ、体を反らす。
4　片足を曲げ、おなかに近づける。
5　曲げていた足を上に伸ばす。

※ポイント…足をただ上げるだけでなく、上げる方の足をひざから一度おなかの方に曲げてから上げる。

四角形（２人技）
1　２人が前後にならんで立つ。
2　前の人はあお向けに寝る。
3　後ろの人は、寝ころんだ人（下の人）の両足首を持ち、下の人の顔の両側に足をつく。
4　下の人は上の人の足首を持ち、合図と共に持ち上げる。
5　上の人は、技が完成したら前を向く。

※ポイント…上の人がおなかに力を入れて、できるだけ体をまっすぐにする。

シャチホコ（２人技）
1　２人が前後にならんで立つ。
2　前の人は四つばいになる。
3　後ろの人は片ひざをついてしゃがむ。
4　後ろの人が、前の人の両足を肩にのせる。この時、前の人は腹筋に力を入れて、おなかを落とさないようにする。
5　後ろの人が、前の人の両足首を持って上げる。

※ポイント…前の人は、持ち上げられる時に腕でしっかりと踏んばって、おなかに力を入れておく。

倒立（２人技）
1　お互いに向き合って立つ。２人の間は、お互いに両手を伸ばしてぎりぎり触れるくらいの距離。
2　１人が地面に手をつき、その手を見ながら両足を上げる。
3　もう１人が足を両手でキャッチし、しっかりと足首を持つ。
4　下ろす時は片足ずつ下ろす。先に下ろす方を決めておき、順番に離す。

※ポイント…倒立する人がしっかりと下を見ること。受ける人がどちらかの足を前に出し、その足を見てやってもよい。この技は２人ともできるように練習する。がんばろう。

すべり台（3人技）

1　3人が横にならんで立つ。
2　1人が四つばいになって土台になる。
3　土台の人の背中に2人目の人が手をつく。手をつく位置は、背中の出っ張った骨（肩甲骨）のところ。
4　3人目の人は立てひざをつき、2人目の人の足首を肩にかつぐ。
5　3人目の人（後ろの人）は、肩に足をかついだままゆっくりと立ち上がる。この時、後ろに下がりながら立つと2人目の人が落ちてしまうので、気をつけよう。
6　3人目の人が2人目の人の足を持ち上げる。2人目の人は足を持ち上げられたら前を向く。

※ポイント…足を上げる時に落ちやすいので、前に押す感じで上げよう。足を下ろす時は、1回肩に置いてからしゃがみ、それから下ろす。一気に下ろすと、ひざを打ちつけたりするのであぶない。

灯台（3人技）

1　3人がならんで立つ。
2　前2人、後ろ1人の2列になる。前の2人は足を開き、腰を落とす。
3　後ろの人は前2人の肩につかまって、2人の太ももに乗る。その時、土台の2人は乗っている人のひざをかかえる。手を広げ、全員が正面を向く。
4　おたがいにかけ合う「かけ声」と共に下りる。

※ポイント…土台の人は、太ももができるだけ地面と平行になるまで腰を落とすこと。

飛行機（3人技）

1　たて1列にならんで立つ。
2　前と後ろの人は、片ひざをついてしゃがむ。
3　真ん中の人は、前の人の肩に手を置く。
4　後ろの人は、真ん中の人の足首より少し上のあたりを持って肩に乗せる。
5　後ろと前の人は、かけ声と共に立つ。
6　後ろの人は、真ん中の人の足を上に持ち上げる。
7　持ち上がったら、上の人は顔を前に上げる。
8　後ろの人が、肩に足を下ろす。
9　全体が下がる時は、前後の2人が声をかけ合ってしゃがみ、その後に片方ずつ足を下ろす。

※ポイント…2人で立ち上がる時、後ろの人は少し前に行く感じで立つ。また、持ち上げる時も、斜め前に押し上げる感じで持ち上げる。下ろす時も一気に下ろさないように気をつけよう。

肩車→サボテン

★肩車
1　2人が前後にならんで立つ。
2　前の人は足を開く。
3　後ろの人は、前の人の足の間に頭を入れ、ひざの上を持つ。
4　上になる人は、下の人の頭を持ち、できるだけ胸を張って良い姿勢になる。
5　下の人は、おなかに力を入れて、上の人のひざあたりを持って立つ。
6　上の人は、下の人のわきの下に足をかける。
7　2人とも手をはなし、横に開く。

※ポイント…【下の人】自分の一番立ちやすい格好をすること。両足を少し開き、片方のひざを立て、足を前後にした方が立ちやすい。上げる時は、上の人のひざをしっかりと持とう。立った後は、しっかりと足を開いて踏ん張る。【上の人】少し揺れるからといって、大きな声を出したり体を大きく揺すったりしないこと。下の人に合わせるようにバランスをとろう。

★サボテン
1　（肩車の状態で）2人ともしっかりと前を向き、良い姿勢になる。
2　下の人は、下にイスがあるつもりで「空気イス」の格好をする。
3　上の人は、下の人のひざの上に乗ってゆっくりと立つ。
4　下の人は、上の人のひざを持ってゆっくりと頭を抜く。この時、上の人はひざを完全に伸ばして立つ。
5　下の人は腕を伸ばして後ろに、上の人は胸を張ってやや前に体重をあずける。
6　上の人は両手を広げる。
7　お互いに声をかけ合って、上の人が下りる時に手をはなす。

※ポイント…お互いに体重を反対方向にかけあう感じで立つこと。下の人は絶対に腕を曲げないで、体重を後ろにあずける。上の人は頭を前に出すと絶対に落ちるので、しっかりと胸を張ろう。

　これらの説明をし、実際にその場でやって見せる実行委員を決めて進めていきます。実行委員が前で説明した後に自分たちでやってみる、という時間をとれば、子どもたちは主体的に学んでいきますし、できたことを共に喜びあえるようになり、難しい技でも前向きに取り組むようになります。また、実行委員にはまず簡単な技の「ポイント見つけ」から指導していきます。
※なお、ここにある技の名前は、子どもたちとコミュニケーションをとるため、便宜上つけた名前です。一般的に広く使われているものではありません。（自分たちで名前を付けると技にも愛着が出てきます）

組表現をしよう！

(4) 主体性を生かすためのグループづくり

☆グループは、6人1グループ！12人編成で!!

　組表現の指導でよく見られる苦労は、誰と誰を組ませるかです。例えば倒立は、どちらも倒立をするなら同じぐらいの体格がよいし、肩車であれば比較的大柄な子が小柄な子を持ち上げる方がやりやすいでしょう。そのたびにペアやトリオを替えるわけです。何度やってもうまくいかなかったり、「○○と◎◎ではうまくいかないから、ペアを替えてほしい」などと子どもたちから訴えがあったりします。それらを教師はすべて引き受けてしまいがちですが、とても大変な作業ですし、教師がすればするほど子どもたちは教師を頼りにします。少しでもうまくいかないと「ペアを替えてほしい」と要請してきます。

　この問題は、12人編成のグループをつくることで解決します。6人1グループを、実行委員会で考え話し合ってつくります。そしてさらにそのグループ2つを合わせて「きょうだいグループ」（12人編成）をつくります。目的は、「組表現の流れをつかみながら、自分たちで2人組から3人、4人、6人、12人と、相手を決め、組み技をつくっていく」ためです。

　12人は2・3・4・6の倍数ですから、こうすれば困っている時にきょうだいグループも含め、まず自分たちで技のメンバー構成を考え出します。もちろんどうしてもうまくいかない時には、教師が相談に乗ります。しかし、少々のことで替えたいと言ってきた時には「グループで相談してごらん」と言えば考えますし、やってみてうまくいくと「自分たちで解決できた」という達成感が生まれます。

　さらにこのグループは、少し危険な技を行う時にも「補助」をし合える関係をつくれます。2人技、3人技はグループ内で補助し合えますし、きょうだいグループになると4人技や6人技も補助をつけることができます。もちろんその際の補助のしかたはあらかじめ指導しておきます。

Point グループ作成の条件

○6人グループなら、原則として男女3人ずつ。できれば1グループに1人実行委員がいる方がよい。
※子どもたちの実態により男女別の方がよいなら、それでも構いません。
○さまざまな体格の人たちを1つのグループにする。
○6人グループ2つできょうだいグループをつくり、お互いが技を完成させる時に補助し合う。

(5) 音楽を決め、カウントに合わせた技の構成をする

　テーマを決め、ストーリーを構想し、そのイメージに技を合わせていくわけですから、当然音楽もイメージに合ったものを選んでいくべきです。インストゥルメンタル（歌のない演奏だけの音楽）の方がイメージを広げやすいので、よく使います。レンタルショップに行けば「Image」シリーズなどが並んでいますので、ピックアップすると便利です。

　しかし近頃は、歌入りでその歌詞も含めたイメージを付け加える傾向にあるので、子どもたちにも選ばせてあげるといろいろ見つけてきます。大切なのは、カウントの取りやすいものを選ぶことです。また、音楽の中にわかりやすい（技の変わり目のタイミングがわかりやすい）きっかけが入っているものが比較的使いやすいと思われます。

　技が決まり、音楽も探せるようになれば、ストーリーに合わせた組み技の全体構想を提示する必要があります。ある年は、次ページのようになりました（表6・表7）。

表6

組表現「笑い合おう仲間と共に…」の場合の技の流れ

(1) 出会い………1人技や2人技で初めての仲間との出会いから友だちになっていくまでの心の様子を表現する。(不安、期待、喜びなど)

<出会いと友だち>（2人技を中心に）　　　<心の中>（1人技）

①背中合わせに立つ　　　　　　　　　　⑤足上げ
②2人V字　　　　　　　　　　　　　　⑥肩倒立
③倒立　　　　　　　　　　　　　　　　⑦V字バランス
③肩車　　　　　　　　　　　　　　　　⑧ブリッジ→片足ブリッジ
④サボテン

> 「友だち」は不思議。偶然の出会いが友だちをつくる。2人は、急速に近づき、仲よくなる。友だちとなら、1人でできないこともできる。

> 喜び、安心、不安……。不安定な気持ち（心の中）を1人技で表す。

(2) 築き1………2人技〜6人技をつかって、友だちと様々な活動を通して友だちの輪が広がり、仲間としての気持ちを高めていく活動やその様子を表現する。(班活動、学級活動、学年活動、〜大会など)

<小さな集団→大きな集団>（2人技、3人技）

⑨四角形
⑩シャチホコ
⑪すべり台
⑫灯台
⑬飛行機
⑭W倒立

> 少しずつ仲間が増え、お互いに支え合って、今までできなかったことができるようになっていく。仲間のつながりがいっそう強くなっていく様子。

(3) 築き2………集団技(4人〜10数人)で、仲間が1つになっていく様子や大きく広がっていく活動の様子を表現する。

⑮扇（5人技）
⑯階段1（5人技）
⑰階段2（8〜9人技）
⑱花（2人1組の6〜8人技）
⑲ピラミッド1（6人・3段）→ピラミッド2（10人・4段）

> さらに仲間がつながり合い、大きな集団となっていく。学級や学年をイメージし、ダイナミックな活動を展開する。

(4) 崩れ………疑い・不安などでおこるけんかやいさかいなど、友だち関係が崩れていく様子を表現する。

⑳つくった「ピラミッド」を崩す
㉑側転（バラバラ）

> 気持ちの行き違いから、関係を崩すことに…。

(5) 新たな築き………大技（ピラミッドやタワーなど）で、「友だち」「仲間」とのこれからの活動や未来を表現する。

㉒中心にサボテン、周りで側転
㉓ピラミッド1→ピラミッド2→ピラミッド3（15人・5段）
㉔大技　　3段タワー、4段タワー　　全員で8段ピラミッド　その他

> つながりを大切にした自分たちのこれからの仲間関係を暗示できるようなナレーション。

組表現「つながろう心ひとつに　つなげよう未来へ！」の場合の技の流れ

（1）出会いから………１人技や２人技で、１人の時、２人の時、仲間が増えていく時等の心の中を中心に表現する。（不安定な心、期待、喜び、悲しみなど）

＜１人（不安と希望）＞（１人技）
　①腕立て→ななめ十字→Ｖ字バランス
　②ブリッジ→片足ブリッジ
　③肩倒立

> 喜び、安心、不安……。不安定な気持ち（心の中）を１人技で表す。

＜友だちとのつながりを求めて＞（２人技→３人技）
　④向かい合う→倒立
　⑤四角形
　⑥しゃちほこ
　⑦オットセイ
　⑧肩車→サボテン

> 友だちとなら、１人でできないこともできる。支え合っていける。そのことに気づかない自分。

（2）仲間との支え合いⅠ………３人技→６人技をつかって、友だちと様々な活動を通して友だちの輪が広がり、仲間としての気持ちを高めていく活動やその様子を表現する。（班活動、学級活動、学年活動、〜大会など）

＜小さな集団→大きな集団＞（３人技、６人技）
　⑨灯台（３人技）
　⑩すべり台（３人技）
　⑪飛行機（３人技）
　⑫階段（６人技）→片足あげ

（3）支え合いⅡ………集団技（６人〜１０数人）で、より仲間が支え合い、つながり合っていき、大きな信頼と力を得る過程を表現する。
　⑬花（２人１組の６〜８人技）
　⑭６人飛行機（６人技）
　⑮トラストフォール（１２人技）
　⑯大輪の花（全員技）

> さらに仲間がつながり合い、支え合って集団としての信頼する心や力をつけていく。学級や学年をイメージし、つながりを求める様子を表現する。

（4）役割とつながり………男女の違いをはじめとして、違いを認め、それぞれの役割を持つ仲間が１つになり大きな力となる。
　⑰３段タワー、４段タワー（複合技）
　　大技（ピラミッドやタワー、波など）で、「友だち」「仲間」とつながり、これからの活動や未来を表現する。
　⑱大技　　全員で７段ピラミッド　　その他

> つながりを大切にした自分たちのこれからの仲間関係を暗示できるようなナレーション。

(6) ナレーションを入れ、カウントに合わせる（全体を完成させる）

①ナレーションをつくる

　ここまで進めば、一定程度の技も音楽に合わせてこなせるようになってくるでしょう。最後の仕上げとして、イメージした技や音楽を補足するためのナレーションを加えると、見ている人たちにとってもよりいっそうわかりやすくなり、表現の中身に厚みが増します。

　ナレーションについては、新たに構想したストーリーと技をもとに実行委員中心に考えさせてもいいですし、進み具合によっては、子どもたちが考えたストーリーや文章の中からナレーションのもととなるものを見つけ、つくっていってもよいでしょう。

組表現「仲間と共に…」の場合のナレーション

＜２人技＞　「ビフォーアフター」の曲で前奏始まる
　「友だち」って不思議です。
　クラスがいっしょだった。クラブが、委員会がいっしょだった。好きなことが同じだった。
　偶然の出会いが友だちを作り、２人はどんどん近づいていくのです。

＜１人技＞　エンヤの曲で前奏始まる
　いっしょに遊んだら楽しい。
　でも、「ほんとは自分のことをどう思ってるのかな？」って不安になることもある。
　そんな友だちだけど、いっしょにいたらやっぱりほっとするのです。

＜３人～６人技＞　「ニュース23のテーマ」で前奏始まる
　１人でいる時、「遊ぼう」って声かけてくれた。いっしょに居残りをした。
　組表現の技ができなかった時、残っていっしょに練習してくれた。
　つらい時、やさしい言葉をかけてくれた。
　１人から２人へ。
　そして３人、５人へと少しずつ仲間が増えていきました。

＜フラワー＞
　友だちが増えるとうれしい。大勢で遊ぶと楽しい。
　１人でできないことも、友だちといっしょならできる。
　どんどん友だちが増え、活動もどんどん活発になっていくのです。

＜側転＞
　ちょっとしたことでしたけんか。
　いっしょに帰ろうって約束したのに、違う子と帰っていった。
　悲しかった。しばらく口をきかなかった。
　誰かを傷つけても、なかなかごめんって言えなかった。
　不安や失望がどんどん広がっていきます。

<波>
1人になってとてもさびしかった。けんかしている時はつまらない。勇気を出してあやまろう。やっぱり友だちはいいな。
もやもやした気持ちが晴れて、心の底から、ほっとした。
仲間同士の結びつきは、「絆」となって広がっていきます。

<大技>
クラスの中で、班の中で、友だち同士で、いろんなことがあった。
これからもきっとあるだろう。
でも今、新しいものをつくり上げていこう。友だち同士の絆を深めていこう！
○○小学校6年生、○○○人、心をひとつにして、
土台の重さを、思いやり、安心して乗れるピラミッドにする。そう決めた。
友だちがいるから1人でできないこともできる。
友だちがいたからここまでこれた。

みんなでいっしょにがんばっていく！これからも!!仲間と共に!!!

②カウント表をつくる

音楽に合わせて組み立て技をつくり上げ、進めていくわけですから、音楽選びとカウントはとても重要になってきます。いくつかのコツがありますが、まず音楽は、
①8ビートのカウントしやすいものを選ぶ。
※その時の表現内容によってゆったりしたリズムや、やや速いものなどを選んでいきますが、極端に遅いリズムや速いリズムは子どもたちにとってはリズムが取りにくいでしょう。
②決めどころにアクセントがあったり、その曲のクライマックスがあったりするとわかりやすい。
などのポイントがあります。さらに、音楽のはじめから技を入れていって、小節を数え、曲の中にある決めどころと合わせるために、カウントを「4つ待つ」「8つ待つ」などの組み技を完成させていく手順で微調整します。どうしても難しい時は、
①技を抜く。
②途中に他の技を入れる。
③曲自体を編集する。
などの方法を考えましょう。

Point

今はあまり使われなくなりましたが、CDから音楽をとり編集する場合は、MDが便利です。曲の長さによって「divide」(曲を分ける)や「erase」(曲を消す)をうまく組み合わせてちょうどよい長さにできるからです。また、「fade out」や「fade in」といった機能も利用できます。部分的には、放送係の先生や手の空いている先生にその操作をお願いするというやり方もあります。他にも、パソコン用の編集ソフトなどもあるようなので、探してみてください。

以下のページには、その例として「つながろう心ひとつに…」のカウントとナレーションをあげておきます。

カウント表とナレーションの例
「つながろう心ひとつに　つなげよう未来へ！」の場合

隊形0　スタート

ナレーション1

これまで、わたしたちは、さまざまな経験をして、成長してきました。
学年が上がっていくうちに、体も大きくなりました。
時には、「自分って、なんだろう」と、考えるようにもなりました。

音楽

「弾 HAZUMI」（鼓童）…音楽スタート前ナレーション（ナレ1）

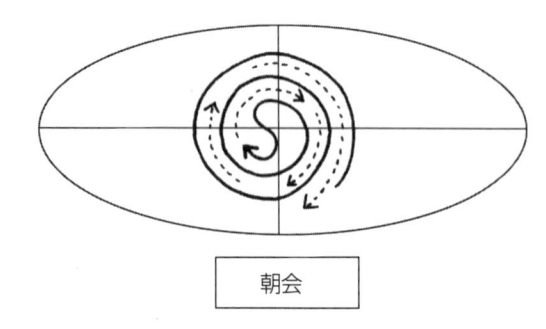

内側から渦の反対回りに開いていって、隊形1の場所に行く。

朝会

隊形1　1人技（腕立て→肩倒立）

ナレーション2　夜明け

時々不安になります。自分が1人じゃないかと思えてきて…
それでも、この6年間、共に歩んできた私たち77人。
出会ってからこれまで、いつも、友だちとのつながりを求めてきました。

音楽

「VICTORY IS WON」（SANTANA）…音楽前ナレ2

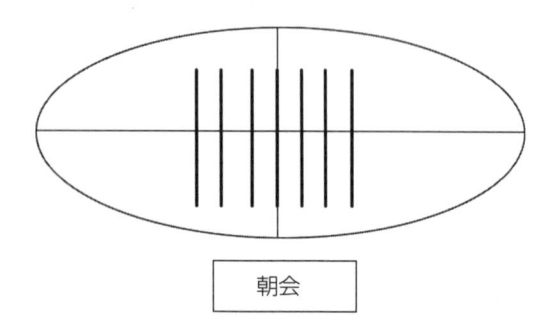

音楽スタートと同時に渦をといていく。

朝会

組表現をしよう！

1人	8×2 ナレーション	8	8	8	8
腕立て	2時の方向を向いて腕立ての用意	（前奏）	待つ	待つ	待つ	腕立てで上げる（ピー）
ななめ十字	右手を上げる（ジャーン）	腕立て姿勢	左手を上げる（ジャーン）	腕立て姿勢	下ろす	腕立てで上げる（ピー）

	8	8	8	8	8	8
腕立て足上げ	右足を上げる（ジャーン）	腕立てを下ろす 7・8で上げる	左足を上げる（ジャーン）	腕立てを下ろす	すわる（ピッ）	後ろに手をついて足を上げる（ピッ）

V字	両手を広げてバランス（ジャーン）	下ろす	寝る	ブリッジの準備（ピッ）

	8	8	8	8	8	8
ブリッジ	ブリッジを上げる（ジャーン）	ブリッジを下ろす	もう1度上げる（ピー）	足上げ（4拍分）次の4拍で足を下ろす（ジャーン）	ブリッジを下ろす	腰に手を当てる（肩倒立の準備）（ピッ）

	8	8	8	8	8	8	8
肩倒立	一気に上げる（ジャーン）	ポキ	上げる（ジャーン）	ポキ	上げる（ジャーン）	バンザイ→起きる（ジャーン）	ポーズそのまま（曲終わる）

隊形2　2人技「倒立」〜6人技「花」

ナレーション3　友だち

言いたいことが言えない時、つい心にもないことを言ってしまった時、心では悩んでいても、うまく表せない。
それでも気がつくと、だれかが自分のそばにいてくれました。
ただ、自分が気がついていないだけ…。

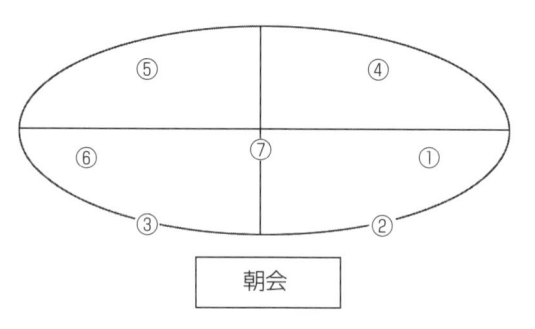

```
    ⑤        ④
  ⑥     ⑦     ①
    ③        ②
```

朝会

①等の番号は、きょうだいグループ（12人）

音楽

「ひまわり」（葉加瀬太郎）…音楽入りすぐ移動→ナレ3

2人	8×2 ナレーション	8（ピッ）	8（ピッ）	8 ジャーン	8（ピッ）	8 ジャーン	8（ピッ）
倒立	曲がはじまるまでは、立って気をつけをして待つ	向きあう	倒立用意	倒立する	下りる（支え準備）	倒立支え	倒立から下りて立つ
		向きあう	支え用意	倒立支える	下りる（倒立用意）	倒立する	倒立から下りて立つ

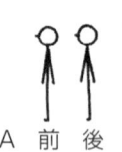

A　前　後　　　前　　　　　　　　　　　Aと同じ　　四角

	8（ピッ）	8（ピッ）	8（ピッ）	8（キメ）	8（ピッ）
四角	移動して正面を向いて前後に並ぶ	前を向いて立ったまま	上が下の足を持ち準備	上がる 顔を上げる ジャーン	立って、内側を向いて前後に並ぶ
	移動して正面を向いて前後に並ぶ	下の人が上になる人の前に寝る	下が支える準備	一気に上げる	下ろす 立って内側を向いて前後に並ぶ

	8（ピッ）	8（ピッ）	8（キメ）	8（ピッ）
シャチホコ	前がすわる	足を持ってもらう	顔を上げる	下りて立つ
	立ったまま	後ろが足を抱えすわる	一気に上げる	下ろす

組表現をしよう！

	8	8	8（キメ）	8	8（キメ）	8
オットセイ	正面を向いて前後に並ぶ（ピッ）	寝て、肩倒立の準備（ピッ）	一気に肩倒立ジャーン	ポキの姿勢で足を広げる（ピッ）	オットセイになるジャーン	手をついて下りる（ピッ）
	正面を向いて前後に並ぶ	前を向いたまま	手を広げて、十字の姿勢	後ろが足をかぐ（手をにぎる）	オットセイになる	下ろす

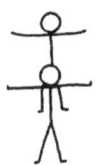

前　後　　　　　　　　　　　　　　　　　　　　　　　　　　　　　　　セーノ！ハイ！

	8（ピッ）	8（ピッ）	8	8（キメ）	8	8（キメ）	8
肩車・サボテン	立つ	相手の頭を持つ	持ち上げる（ピー）	肩車決めのポーズジャーン	ひざの上に足を置いて、サボテン準備（ピッ）	頭をぬいてサボテンジャーン	合図をかけ合い下りる（ピッ）
	前を向いて前後に立つ	しゃがんで頭を入れる					

3人技へ移動

	8	8	8	8（キメ）	8	8
灯台（3人）	3人に移動（ピッ）	2人が足をひらいて立つ（ピッ）	1人がのぼる（ピッ）	手を広げるジャーン	声をかけ合い、下りる（ピッ）	立って内側を向き、並びなおす
	8	8	8	8	8（キメ）	8
すべり台	前、四つばいになる（ピッ）	中、前の人に手を置く（ピッ）	後ろ、しゃがんで足を肩にかつぐ（ピッ）B	後ろ、立つ（ピー）	上げるジャーン	しゃがんで、下ろす（ピッ） Bの姿勢から下ろす

すべり台

隊形2のまま

8	8	8	8	8（キメ）	8	8
しゃがむ（ピッ）	まん中が肩に手をおく（ピッ）	後ろが足を肩にかつぐ	かけ声をかけ合って、立つ（ピー）	後ろが足を持ち上げるジャーン	せーので下りる（ピッ）	移動（ピー）

飛行機

6人技へ移動
ならんで立つ（6人）

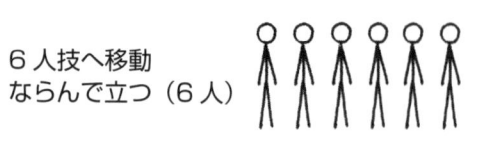

8	8	8	8	8	8	8
1、2人がしゃがむ（ピッ）	2、2人が手をつく（ピッ）	3、3段目がのぼる（ピッ）	4、4段目がのぼりはじめる（ピッ）	5、上までのぼる	6、足を上げ、静止ジャーン　2人は足を上げる	7、下りはじめる（ピッ）
8、下りる	9、並ぶ					

6人技　階段

6人技　階段

音楽が変わり、花の準備をする

> **ナレーション４　フラワー**
>
> 今年起こった不幸な出来事。東北大震災。本当に恐ろしい光景でした。
> しかし、大変な生活の中で、人々は、しっかりと支え合っていました。

音楽

「青の洞窟」（葉加瀬太郎）…音楽入りすぐナレ４

隊形２のまま　　組み方は肩車・サボテンに同じ

	8	8	8	8	8　ピアノ	8	
6人技 花	1、輪になる（ピッ）	2、肩車用意（ピッ）	3、肩車をする（立つ）（ピー）	4、上が手をつなぐ下は足を前・後ろ	5、ひらくジャーン	6、とじる	
	8、とじる	9、ひらくジャーン	10、とじる	11、下りて、6人でならぶ（ピッ）	音楽が、小さくなっていく。		

６人技　花

開いている様子
下で支える人は、足を前後に軽く開く

隊形3　6人飛行機→トラストフォール

ナレーション5　ブーンブーン

人は、1人じゃ生きられない。支え合うことがどれだけ大切かということを、つながりを大切にして生きる人たちに、わたしたちが教えられ、励まされました。

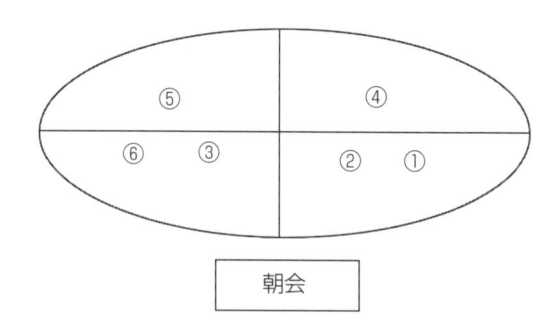

朝会

音楽

「ブーン！（JR九州新幹線CM曲）」（マイアヒラサワ）…音楽入りすぐナレ5

音楽が変わり、飛行機の準備をする

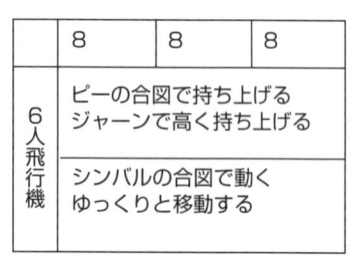

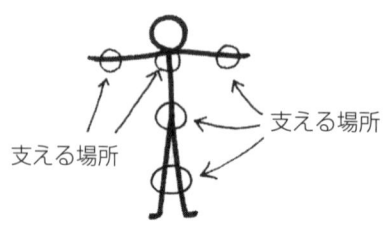

	8	8	8
6人飛行機	ピーの合図で持ち上げる ジャーンで高く持ち上げる		
	シンバルの合図で動く ゆっくりと移動する		

支える場所

6人飛行機

ピーの合図で、12人「トラストフォール」の場所に移動

12人技

12人	8×2 ナレーション	かけ声と共に			かけ声と共に	8	
トラストフォール	組んで準備ができたら、立って待つ	気をつけをして	隣と手をつなぐ	倒れる	気をつけをして	隣と手をつなぐ	倒れる
		一気に上げる		受け止める	一気に上げる		受け止める

12人技　トラストフォールのつくり方

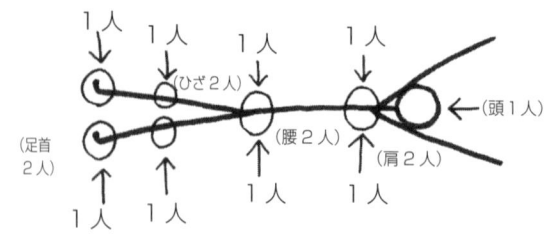

1人　1人　1人　1人
（ひざ2人）（腰2人）（肩2人）（頭1人）
（足首2人）
1人　1人　1人　1人

起きる
1本の棒になる
1人　1人
支える

2人でベッドをつくる
あと2人は腰や肩などを後ろから押す役
（支える側）

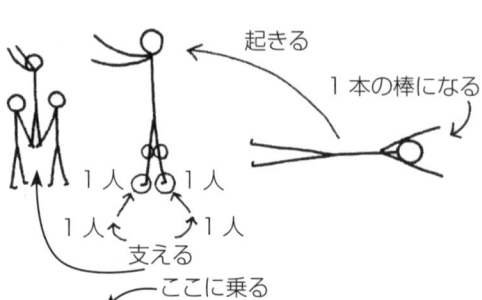

ここに乗る
このように前かがみで、または数人で肩を組んだ土台をつくり、その上に乗る形で行うと安定する

隊形4　全員技「大輪の花」

> **ナレーション6　大フラワー**
>
> 1人ではできないことも、みんなとだったらできることがある。
> 声をかけ合って、手と手をつないで、大きな花を咲かせたい。

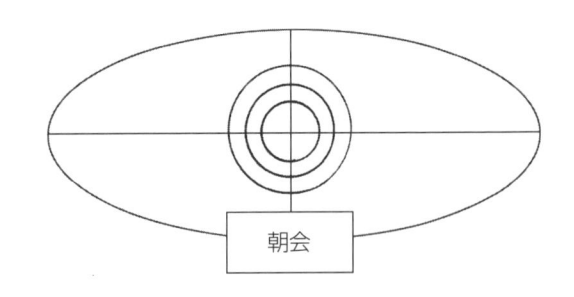

音楽

「The Cozy Bench」（葉加瀬太郎）…音楽入りすぐナレ6

音楽が消えると移動

複合技「大輪の花」

花	8	8	8ピッ	8ピー	8ジャーン	8	8	8
肩車	ならぶ	内側しゃがむ	外側肩車の姿勢	肩車持ち上げる	手を広げる	しぼめる	広げる	しぼめる
立つ	ならぶ	立ったまま	立ったまま	手をつなぐ				
ひざ立ち	ならぶ	ひざ立ちする	ひざ立ち	手をつなぐ				
外側	ならぶ	すわる	すわる	手をつなぐ				

複合技「大輪の花」

とじた状態　　　　　　　　　　↑↓ 繰り返し

開く

隊形5　複合技「波と3段・4段タワー」

```
ナレーション7　　波、タワー
```

男女関係なく協力したい。
いろんな人と仲よくなりたい。
そんな素直な気持ちを大切にして、
これからも、自分たちにしかできないことを
やり遂げたい。

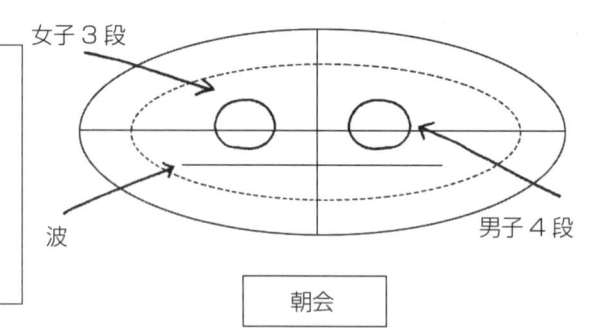

女子3段
男子4段
波
朝会

音楽

「Habanera」（葉加瀬太郎）…音楽入りすぐナレ7

4段タワー

3段タワー

複合技「タワーと波」

	8	8	8	8	8ピッ	8ピッ	8ジャーン
3段タワー		1番下が輪になってしゃがむ	2段目が乗ってしゃがむ	3段目が乗る	1番下が立つ	2番目が立つ	3番目が立つ
波	波はじめる						

波

隊形6　全員技「80人ピラミッド」

> **ナレーション8　ピラミッド**
>
> わたしたちに、今、できること。
> ちょっと頑張ればかなうことから、少しずつ。
> 心ひとつに、支え合い、つながり合って、
> わたしたちの未来へ向けて…
> 進んでいきたい！

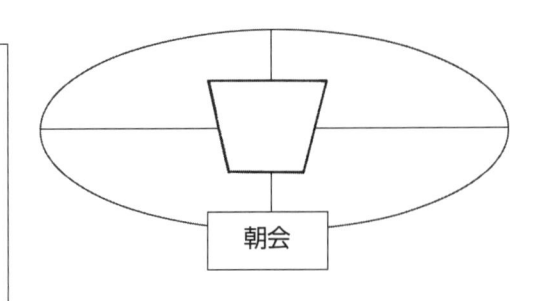

音楽

「The Song Of Life」（鳥山雄司）…音楽入りすぐ移動。移動中ナレ8
退場曲　「マジックパワー」（HEY!SAY!JUMP）―自由に退場

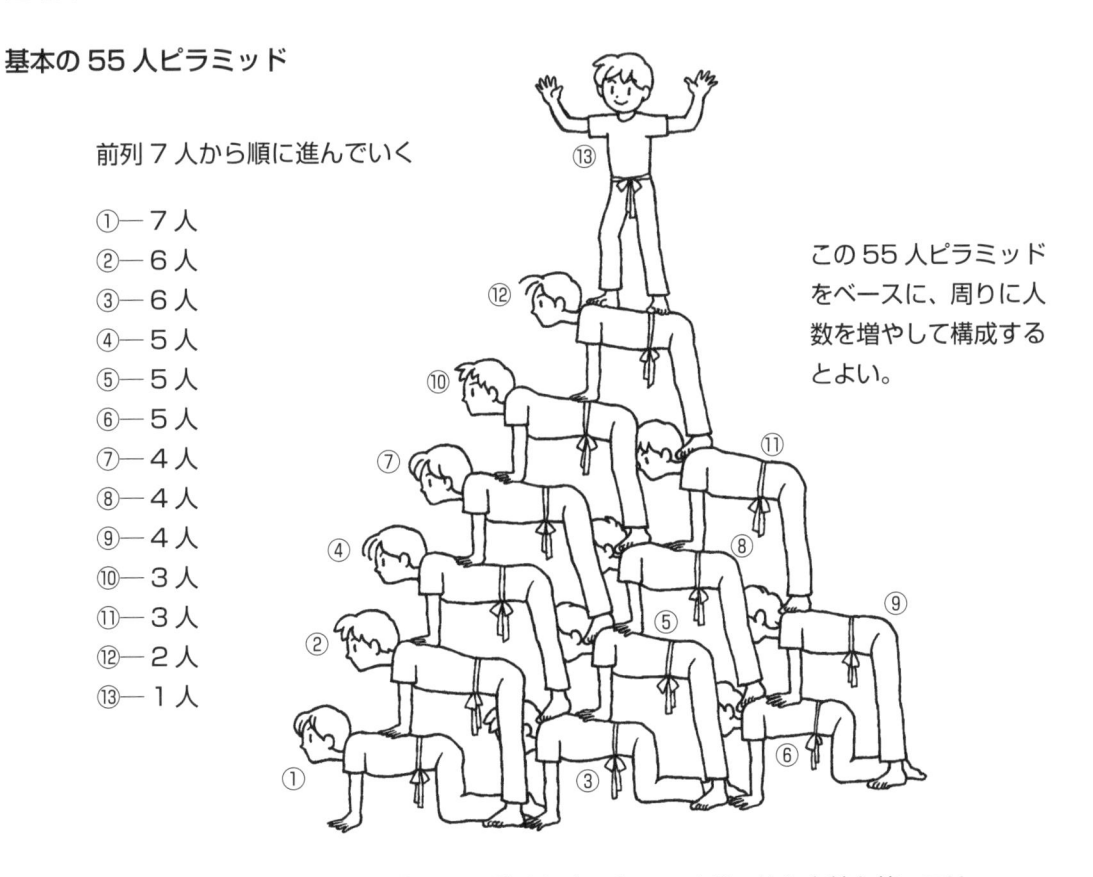

基本の55人ピラミッド

前列7人から順に進んでいく

① ― 7人
② ― 6人
③ ― 6人
④ ― 5人
⑤ ― 5人
⑥ ― 5人
⑦ ― 4人
⑧ ― 4人
⑨ ― 4人
⑩ ― 3人
⑪ ― 3人
⑫ ― 2人
⑬ ― 1人

この55人ピラミッドをベースに、周りに人数を増やして構成するとよい。

　カウントは、それを合図に自分たちで動くためのものですが、笛や太鼓を使ってはいけない、というものではありません。「笛や太鼓は『号令一下』で子どもたちを動かす道具」ととらえる方もおられるかもしれません。しかし、「合図」を与えた方が安心する子どもたちもいるでしょう。実際、このプログラムを行った子どもたちの中にも、大勢そのような質を持った子がおり、この学年は笛やシンバルを使って合図を送りました。
　柔軟に考え、学年で相談して決めていくとよいでしょう。

MIKAGURA, PEACE and LOVE

高学年

　組立表現「MIKAGURA, PEACE and LOVE」は、日本の踊り「みかぐら」と、広島修学旅行での平和学習、ならびに国語「わらぐつの中の神様」の学習で学んだ「愛」をもとにして創りました。この学年は、4年生で日本の踊り「荒馬」を、5年生で「南中ソーラン」と組立表現をしました。

　「みかぐら」ついては、『まるごと日本の踊り　小学校運動会BOOK　演技編』(いかだ社)から少し再録しておきたいと思います。くわしい演技については同書を参考にしてください。

　今回、本書には「大森のみかぐら」を収録していますので、こちらも参考にしていただければと思います。

```
用意するもの●錫杖(しゃくじょう)…右手に持つ　扇…左手に持つ
しめ太鼓・すり鉦(がね)…伴奏用　BGM用の音楽
運動会での服装●半そで　長トレ　腰ひも
　　　　　はっぴ・ハチマキ(みかぐら)　はだし
```

全体の構成

第1場面　みかぐらの踊り
第2場面　組立表現（1人・2人組）
第3場面　組立表現（肩車とサボテン）
第4場面　組立表現（3人・4人・5～6人組）
第5場面　組立表現（3段塔とピラミッド）
第6場面　組立表現（50人ピラミッド）
第7場面　組立表現（5段塔とつり橋）
第8場面　退場

「みかぐら」について

　「みかぐら（御神楽）」は、岩手県の県南から宮城県県北にかけて踊られている「南部神楽」の一演目です。別名「百姓神楽」とも呼ばれ、豊作祈願・悪疫退散の神事のためだけでなく、自分たちの楽しみのために踊られてきました。この南部神楽の1つに「大森の御神楽」があります。これは岩手県平泉の近くにあった衣川村（ころもがわむら）に古くから伝わる神楽で、衣川小学校大森分校の子どもたちが全校で踊っていました（現在は廃校）。

　なお、この取組みで演じた「みかぐら」は、「大森の御神楽」を劇団わらび座が取材し、独自の解釈で再構成・再創造したものです。したがってこの「みかぐら」は、古くから伝わる踊りをそのまま継承したものではなく、新民舞・創作民舞といってもよいでしょう。

踊りの構成

　わらび座の「みかぐら」には初級と中級があり、取組みでは初級を演じた。この初級には、次のような動きがある。動きの名称はわらび座によるものである。

(1) わたり　8回
(2) スピン　2回
(3) 足だし　2回
(4) 首振り　6回
(5) バック　4回
(6) スピン　2回
(8) ダイナミック　3回
(9) ダイナミック止め　1回
(1)～(8)の動きには、扇回しが入る。この扇回しの指導が重要になる。

※太鼓とすり鉦の伴奏が入ったDVDが市販されている（『わらび座の民舞指導＜みかぐら＞』日本電波ニュース社）。左記の回数はそのDVDによるもの。DVDを使うと便利だが、生演奏した方が自由に動きをつなげて構成できる。

第1場面　みかぐらの踊り

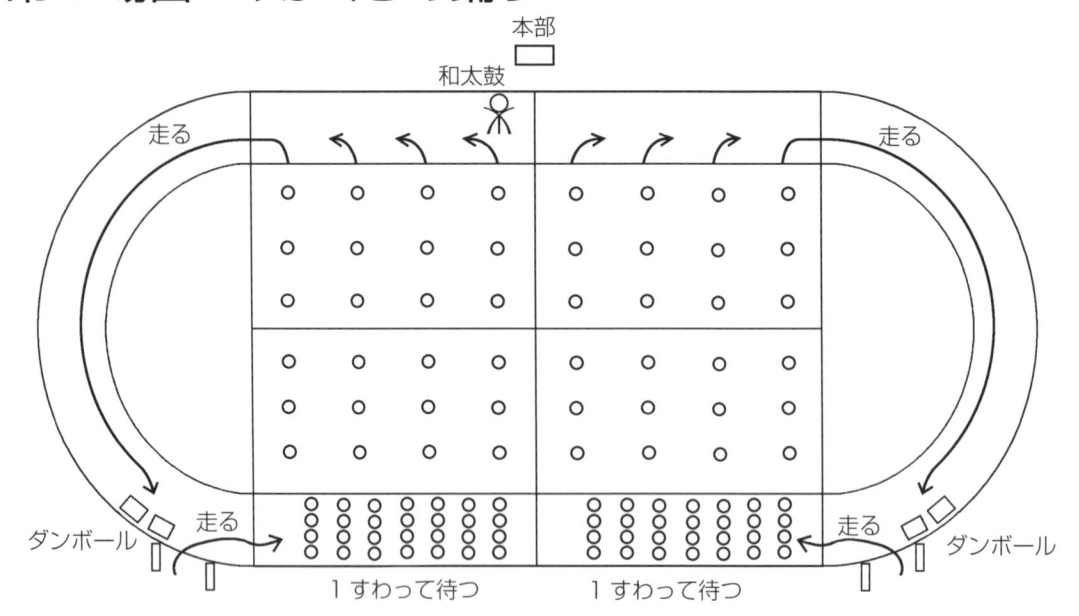

1 入場は、太鼓の合図で入退場門から走ってきて、「首ふり」の姿勢で待つ。
2 わたり拍子で第2場面の隊形に移動する。
3 次から、本部（朝礼台）を向いて踊る。
4 2番を踊る場合、左、右を向いて踊ることもある。
5 踊りが終わったら、入退場門に用意したダンボール箱に扇と錫杖を入れて、
　次の隊形に移動する。（はっぴやハチマキを使う場合はそれも箱に入れる）

第2場面　組立表現（1人・2人組）

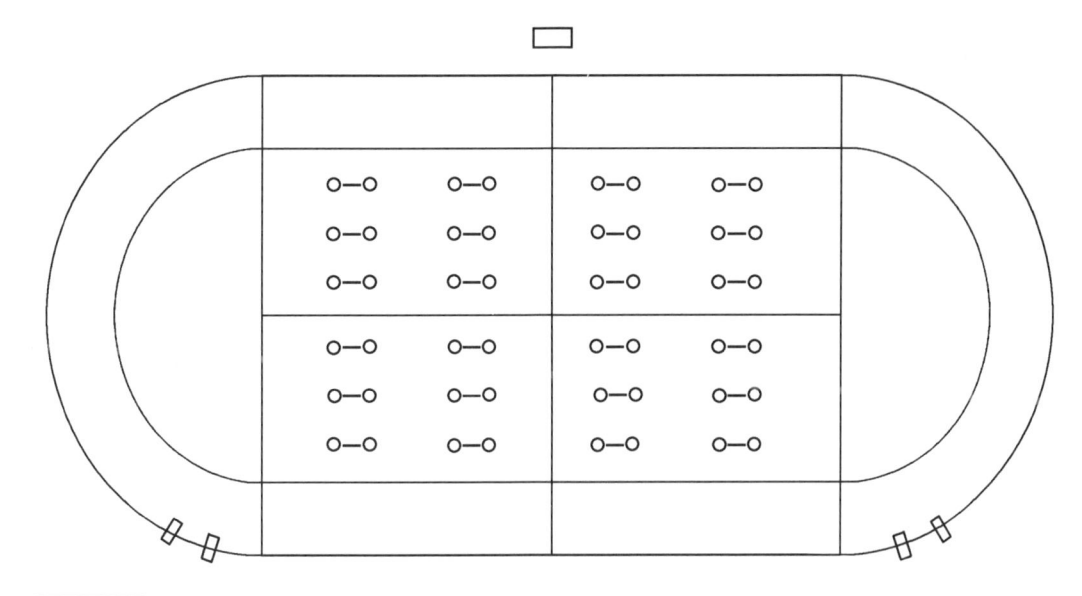

音楽　「ゴーストバスターズ」　絵の下の呼間で形を整える

1　腕立てふせ→片手バランス（右）→腕立てふせ→片手バランス（左）

外向き　　　　　　　　　　　　　　　内向き
8 　　　8 　　　8 　　　8

2　下からブリッジ

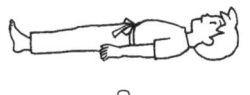

8 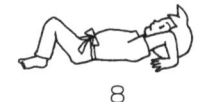　　　8　　　8

3　肩倒立→三角塔（2人）

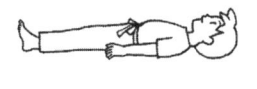

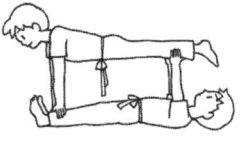

4 　　　8 　　　8

4　はしご　　　　　　　　　　5　すべり台　　　6　倒立

片足ずつ持つ
4　　　4　　　　　　　　　　8　　　　　　　　8

第3場面　組立表現（肩車とサボテン）

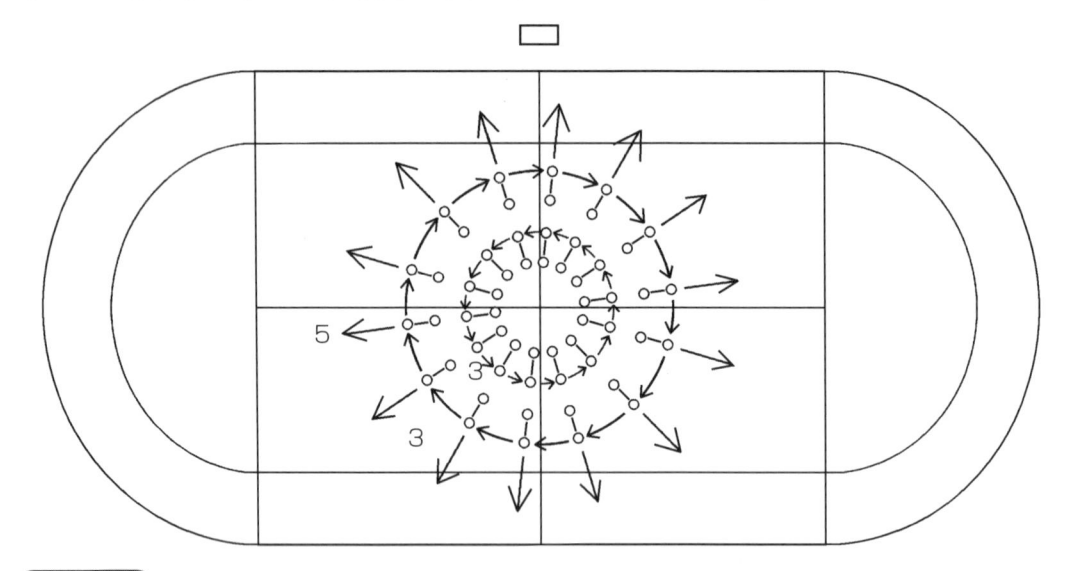

音楽　「ETのテーマ」

走って隊形移動
1　放射状に外向きで、ペアを組んですわる。
2　曲の合図で立って肩車をする。
3　外円は右まわり、中円は左まわりで8呼間歩く。
4　今度は、逆まわりでもとにもどる。
5　次に、放射状に前を向いて8呼間歩き、サボテンをして、フィニッシュで静止する。

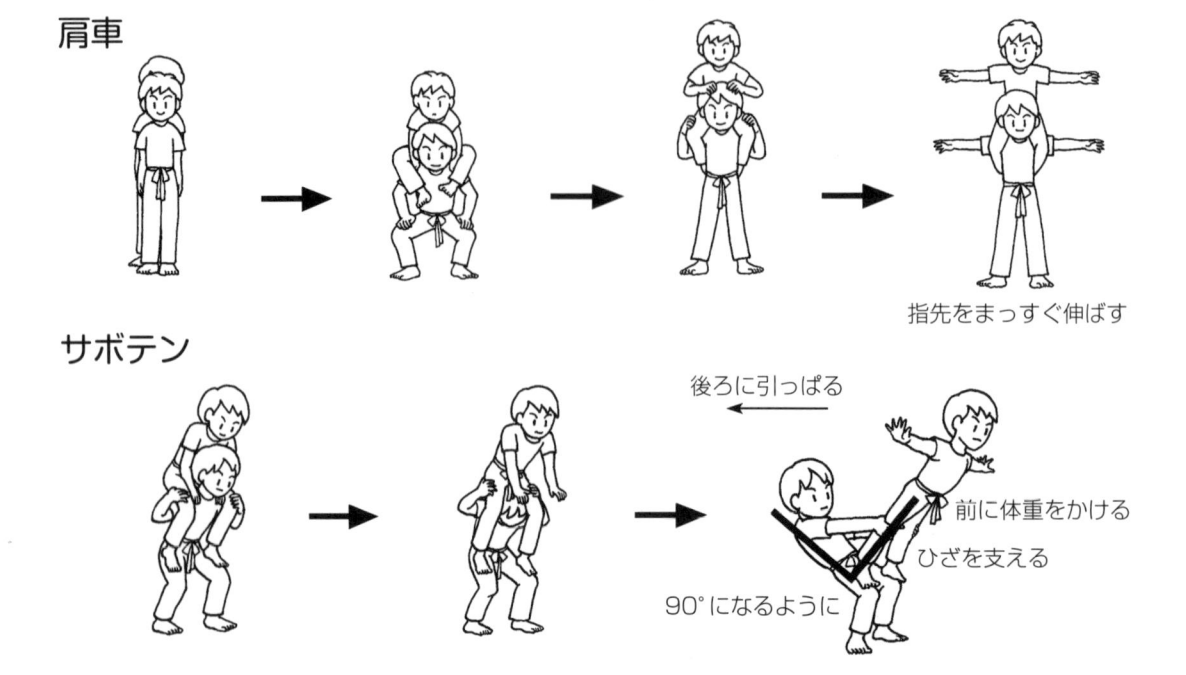

肩車

指先をまっすぐ伸ばす

サボテン

後ろに引っぱる
前に体重をかける
ひざを支える
90°になるように

第4場面　組立表現（3人・4人・5〜6人組）

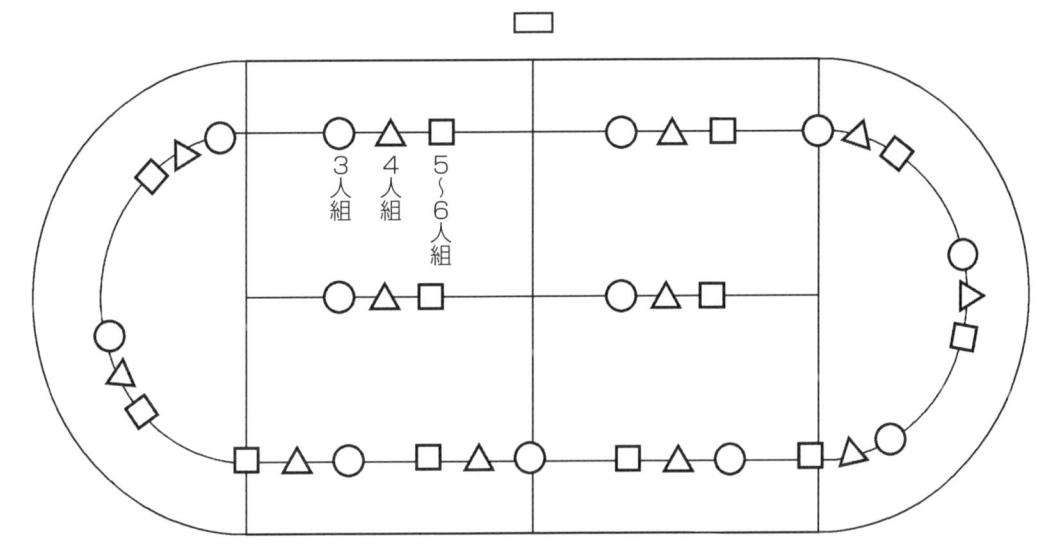

音楽　「シュガーベイビー」

走って隊形移動し、すわる

3人組

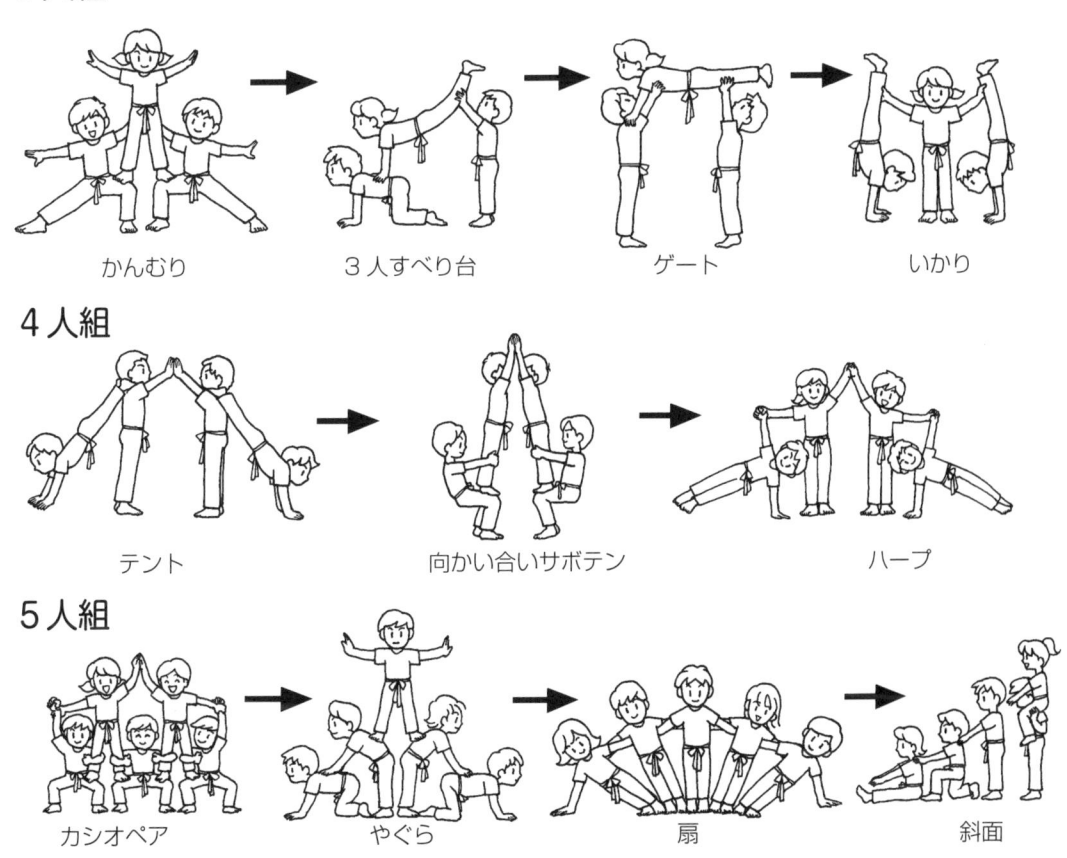

かんむり　→　3人すべり台　→　ゲート　→　いかり

4人組

テント　→　向かい合いサボテン　→　ハープ

5人組

カシオペア　→　やぐら　→　扇　→　斜面

第5場面　組立表現（3段塔とピラミッド）

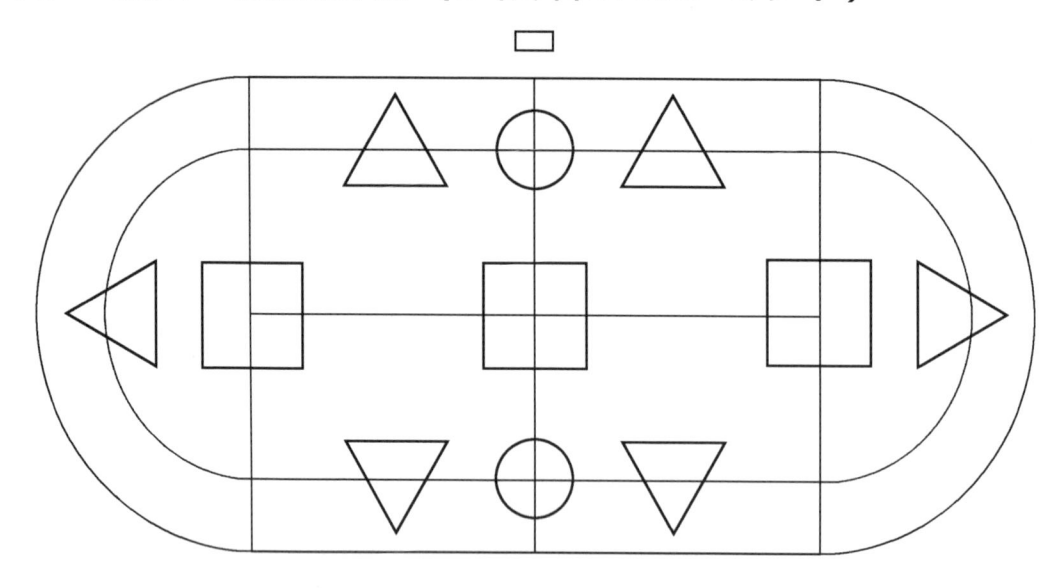

音楽　「ジュラシックパーク」

ピラミッド（4段）　△　10人（4・3・2・1）

3段塔　□　10人（6・3・1）

8人朝顔　閉じる　開く　○

第6場面　組立表現（50人ピラミッド）

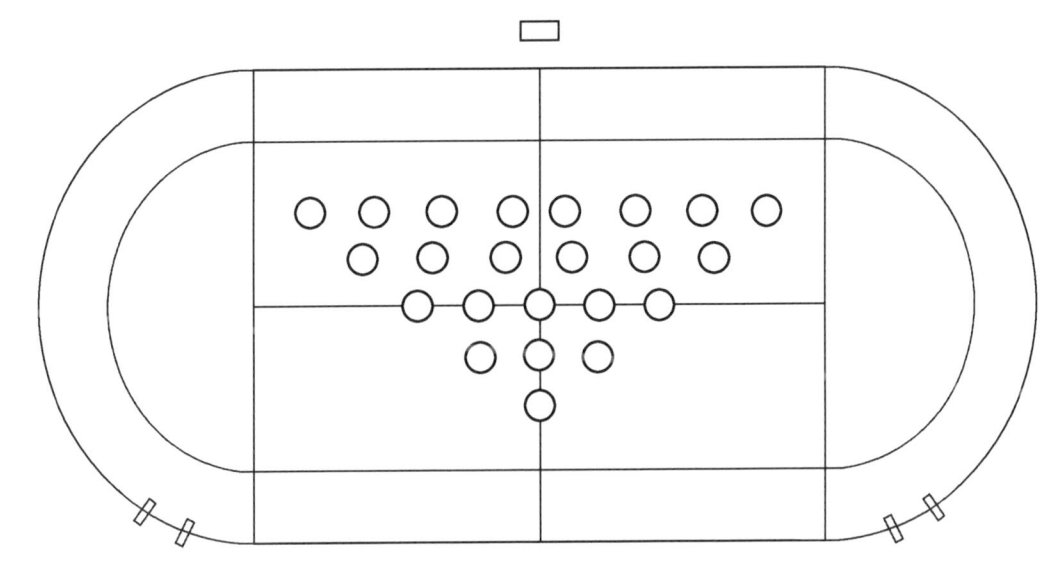

音楽　「スターウォーズ　帝国の逆襲」

55人編成の場合

前列7人から順に進んでいく

① — 7人
② — 6人
③ — 6人
④ — 5人
⑤ — 5人
⑥ — 5人
⑦ — 4人
⑧ — 4人
⑨ — 4人
⑩ — 3人
⑪ — 3人
⑫ — 2人
⑬ — 1人

31人編成の場合

① — 6人
② — 5人
③ — 5人
④ — 4人
⑤ — 3人
⑥ — 3人
⑦ — 2人
⑧ — 2人
⑨ — 1人

・背中を反る　　・足を肩幅に開く　　・足を間に入れる　　・おりるとき番号を言う
◇負荷の大きさ：③＞⑤＞⑥＞⑧＞⑨＞⑪＞⑫
◇組む順番　①→②→③→………→⑩→⑪→⑫→⑬

第7場面　組立表現（5段塔とつり橋）

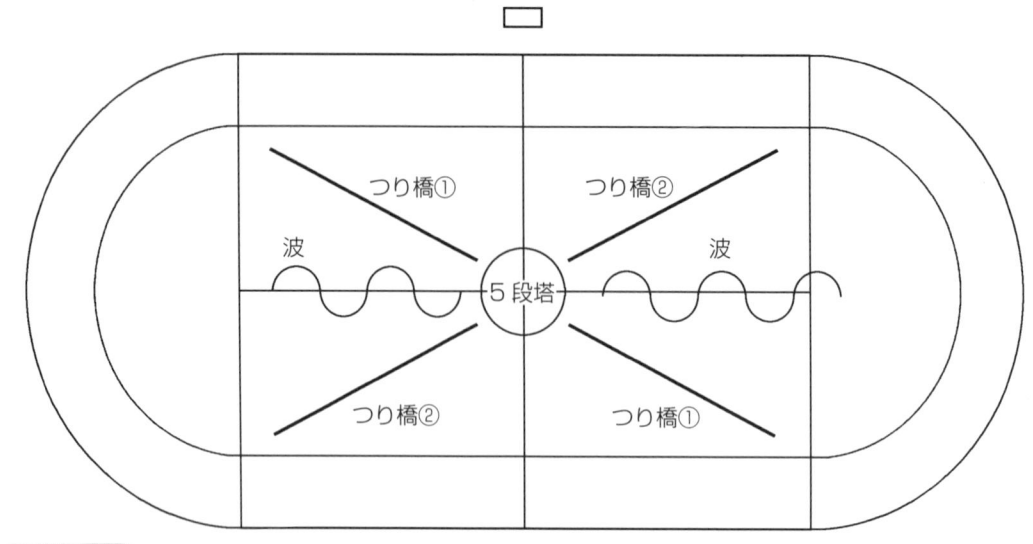

音楽　「ツァラトゥストラはかく語りき」

55人編成の場合

前列7人から順に進んでいく

つり橋①

つり橋②

波
1〜4でゆっくりたおれ、5〜8で起き上がる。

となりの人の動きを感じてから動きだす

5段塔

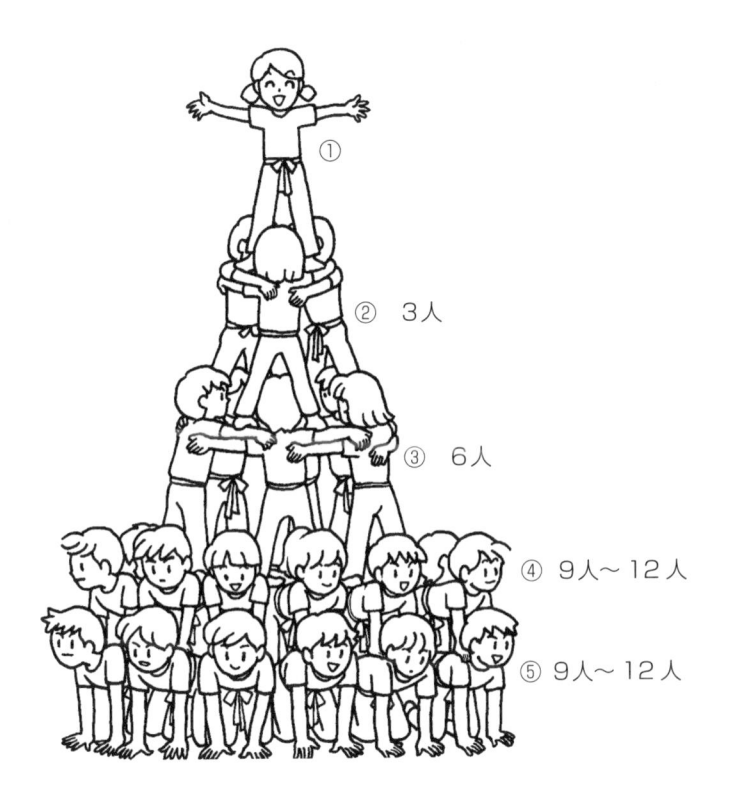

①
② 3人
③ 6人
④ 9人～12人
⑤ 9人～12人

第8場面　退場

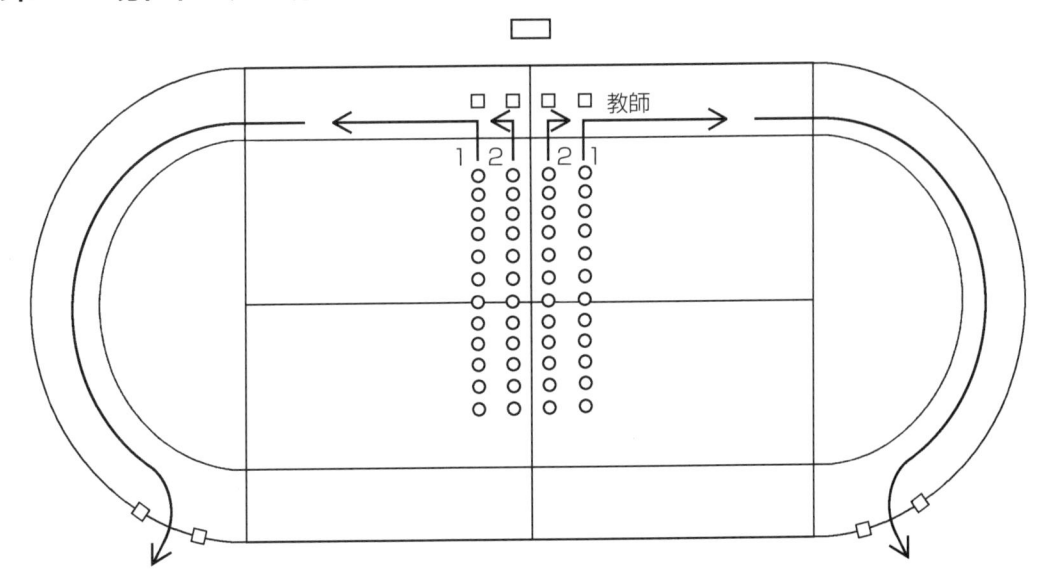

音楽　「心のかけら」

1　退場は「心のかけら」の曲に合わせて、1人ずつ教師とハイタッチして歩いてトラックをまわる。

2　1の列が先に両端から退場。次に2の列が退場。

地球の誕生、
そして未来・21世紀へ

高学年

　学年全員の生徒による組立表現（マスゲーム）です。地球誕生から人類の誕生、そして文明を築きあげてきた歴史を辿り、平和な未来への願いを表現する――雄大なテーマを、子どもたちの体だけで表現したこのマスゲームは、見守る保護者や教師だけでなく、子どもたち自身にも深い感動を与えてくれます。運動会のクライマックスとも言えるでしょう。根気強い練習と準備が必要になりますが、それだけにやり終えた後の達成感も格別です。ぜひ取り組んでみて下さい。

```
用意するもの●BGM用の音楽
運動会での服装●半そで　長トレ　腰ひも　はだし
```

全体の構成

(1) 入場【肩車、サボテン】
(2) 地球の誕生
(3) は虫類の時代【ヘビ】
(4) ヒトの誕生・火の発見【肩車、3段塔】
(5) ヒトから人間へ【L字、1の字、ぼうし、ブリッジ、横十字、倒立、すべり台】
(6) 文明が生まれる【かんむり、倒立バランス、ゲート、やぐら、3人すべり台、テント、屋根】
(7) 高度な文明【ピラミッド、扇】
(8) 平和へのかけ橋【ブリッジ、波】
(9) 未来（21世紀）へ【5段塔、橋、朝顔、飛行機】
(10) 21世紀の主人公に（退場）

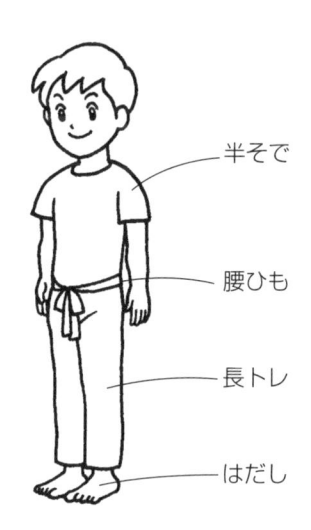

半そで
腰ひも
長トレ
はだし

全体的な指導のPoint

①演技は、門から入って出終わるまで、という意識を持たせる。
②演技は、リズムに合わせることと終わりを大切に。
③服の汚れは熱演の証拠。汚れてもはらわない。
④移動はすばやく正確に。
⑤服装は、半そで、長トレ、腰ひも、はだし。
⑥手足のツメはきちんと切っておこう。

（1）入場【肩車、サボテン】

隊形１

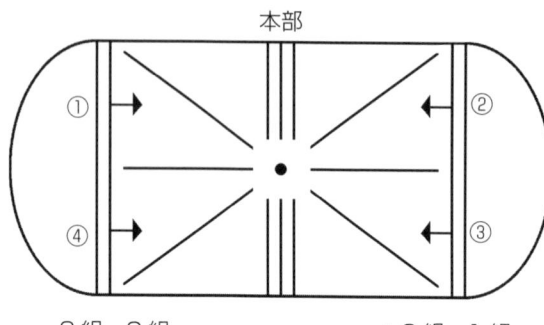

本部

③組・②組　　　　　②組・①組

ナレーション

６年生は、社会科で学んだ人間の歴史を、組立表現に構成しました。
今から約46億年前、新しく生まれたばかりの太陽のまわりで、私たちの地球が誕生しました。

音楽・効果音

映画『スーパーマン』前奏　スーパーマンが出てきた時に次への移動
※音楽は映画音楽など何でも。市販の「運動会用行進曲集」も利用しやすい（以下同）。

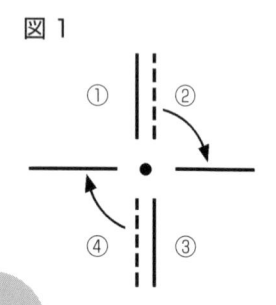

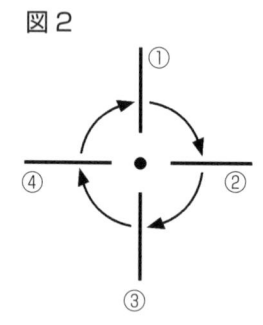

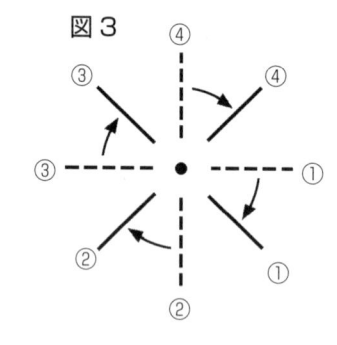

図１　　　　　　　　図２　　　　　　　　図３

動き方

1　前奏が始まるまで、かがんで線上で待つ。
2　前奏が始まったら、肩車を組む（上は小さい人、下は大きい人）。
3　上に乗った人は横の人と手をつなぎ、中央へ歩いて進む（隊形１）。
4　②と④の列は回れ右をして、時計回りの方向へ90度進む。①と③の列は動かないので、これで十字の隊形ができあがる（図１）。
5　①〜④、時計回りの方向へ90度移動する（図２）。
6　①〜④、時計回りの方向へ45度移動して、斜めのラインで止まる。斜めの十字の隊形ができあがる（図３）。
7　つないでいた手をはなし、両手を横に広げたまま、その場で右回りに１回転する〈8呼間〉（図４）。
8　上の人は手を下ろし、下の人の太ももに足をつく。下の人はひざをまげ（しこをふむような形）、太もものところに上の人の足を乗せ、頭をぬく〈8呼間〉。
9　サボテン完成。上の人はひざを伸ばし、両手を広げ、前の方に向いて立ち上がる。下の人は上の人のひざをもち、後ろへ向かって倒れるようにする。お互いに引き合ってバランスをとる〈16呼間〉（図５）。
10　上の人がとびおり〈4呼間〉、整列する〈4呼間〉。

図４　肩車

図５　サボテン

(2) 地球の誕生

隊形2

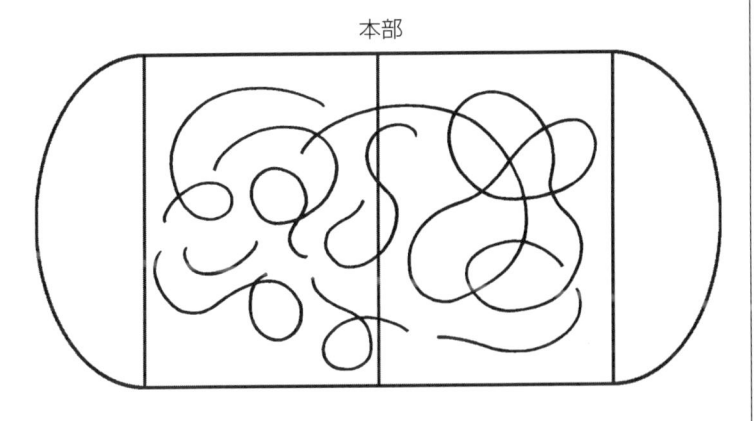

本部

ナレーション

宇宙にただよっていたチリやガスが激しく渦巻き、ぶつかり合い、やがて1つの燃える火の玉となっていきます。地球の誕生です。

地球の表面は、だんだん冷えて、固くなりました。そこへ、滝のような雨が激しくふりそそぎました。

何億年も続いた大嵐のあと、地球には、海ができあがりました。やがて、その海の中に初めての命が誕生し、進化していきます。

音楽・効果音

効果音（暴風雨）　効果音（雷）

動き方

1　風に吹き飛ばされるようにクルクルと回りながら、激しく走り回る。
2　各自トラック内を大きく動き回る。カミナリの音に合わせて、その音を聞いた場所で倒れながら、だんだんクラスで集まっていく。

（3）は虫類の時代【ヘビ】

隊形３

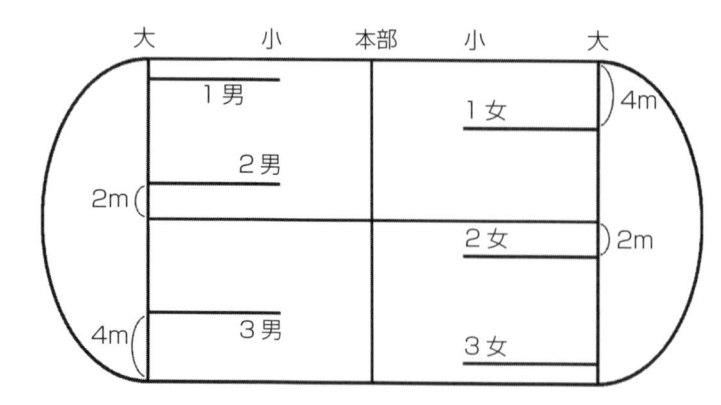

```
    大      小   本部   小      大
   ┌─────────────────────────────┐
   │    １男         │  １女  )4m│
   │                 │           │
   │    ２男         │           │
 2m)                 │  ２女  )2m│
   │                 │           │
   │4m) ３男         │  ３女     │
   └─────────────────────────────┘
```

> **ナレーション**
>
> 約３億年前、地球には、植物がおいしげっていました。そのころ、地上に生きる動物があらわれました。そして２億３千年前、ヘビなどのは虫類が陸上に住むようになりました。

音楽・効果音

映画音楽など。
前奏　８×２　８×３　８×３
　　　８×２　８×９　笛（ピーッ）

動き方

1 　後ろの人が足を広げ、その間に腰を下ろす。後ろの人から順にあおむけに寝ていきながら、自分の後ろの人の足の下に手を通して、後ろの人の腰ひもを持つ。腰ひもを持たれたら、足を伸ばす。

2 　音楽に合わせて、片足ずつひざを立てたり伸ばしたりする。
右〈４呼間〉、左〈４呼間〉、右〈４呼間〉、左〈４呼間〉、伸ばす〈８呼間〉。

3 　音楽に合わせて、両足同時にひざを立てたり伸ばしたりする。立てる〈８呼間〉、伸ばす〈８呼間〉、立てる〈８呼間〉、伸ばす〈８呼間〉。

4 　後ろ（大きい方の人）から３人立ち上がる。皮を脱ぐように順々に立ち上がっていく。その時、腰ひもをはなさないようしっかり持ち、それに引っぱられて立ち上がっていく。

5 　全員が立ち上がっても、腰ひもを持ったまま、リズムに合わせて前進していく。曲が終わったら次の隊形に移動する。

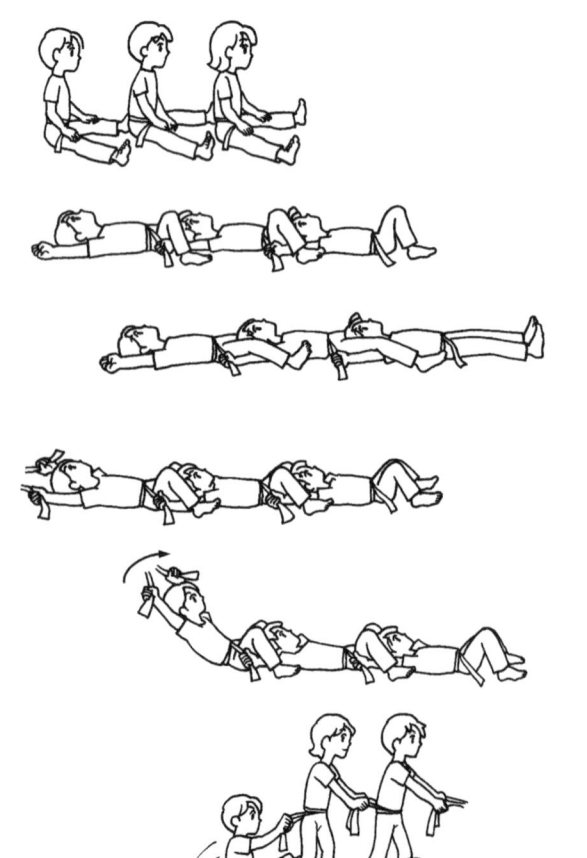

(4) ヒトの誕生・火の発見【肩車、3段塔】

隊形 4-A

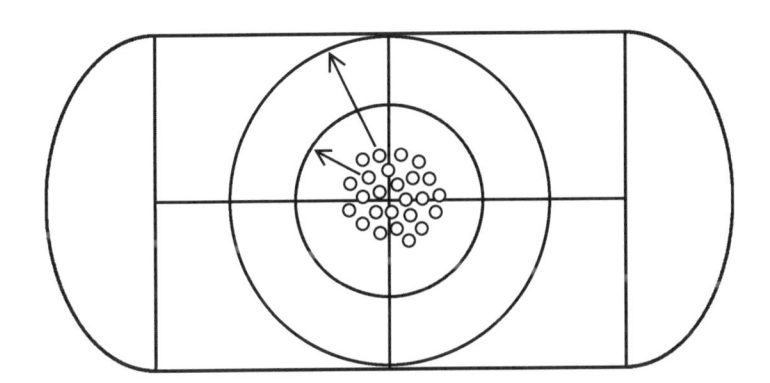

ナレーション

さらに2億年の時が流れ、私たち人間が、やっと地球上に生まれてきました。人間は、立って歩き、火を発見します。道具や、火を使うことを覚えていきます。

音楽・効果音

映画音楽など。

動き方

1. 中央に寄り集まって座り、ひざをかかえ、頭を下げて待つ。
2. 6～7回に分けて立ち上がり、円を広げるように外に向かって進んでいく。1回目は、前と後ろへ進む2人だけとし、立ち上がって進む人数を順に増やしていく。3重円をつくる。2呼間に1歩ずつ進む。その時、手は上〈2呼間〉、横〈2呼間〉を繰り返す。後ろから立ち上がる人は、同じように合わせていく。自分の場所に着いたら、その場に止まって手の動きだけを繰り返す。
3. 円上、外向きのまま、両手を横に上げる。左横へ足を1歩踏み出す〈2呼間〉。足をもどす〈2呼間〉。右横へ足を1歩出す〈2呼間〉。もどす〈2呼間〉。同じことをもう1度繰り返す。

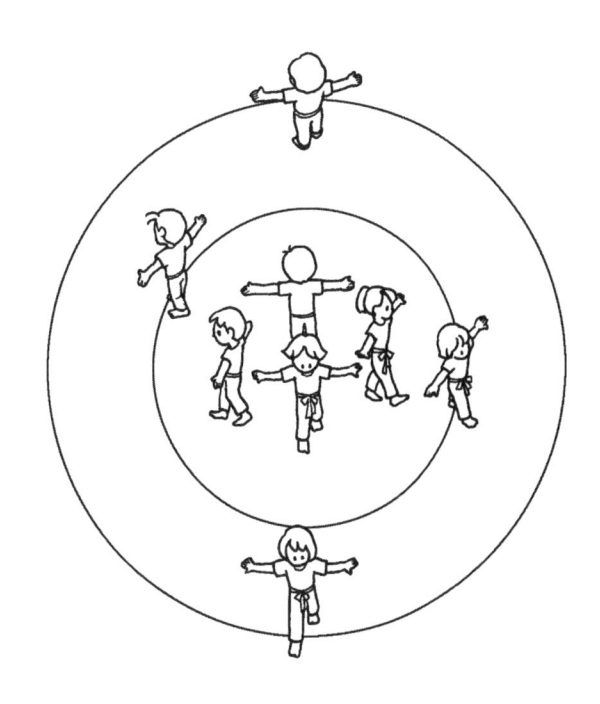

隊形 4-B

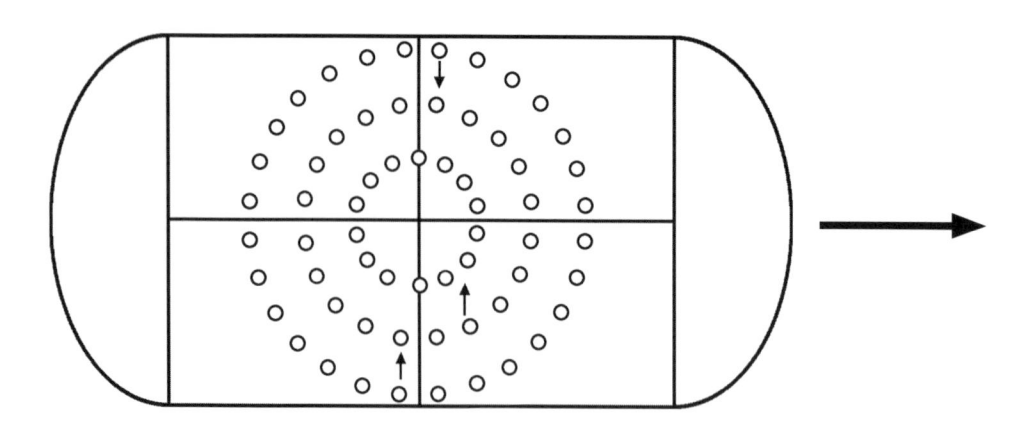

4―1　外側の2つの円……肩車

(1) 4呼間で2人が寄る（小前大後）。円の中心の方へ向く。
(2) 大の人がしゃがんで、小の人の足の間に頭を入れる〈4呼間〉。
(3) 肩車をして立ち上がる〈8呼間〉。
(4) 小（上）は手を横に上げる。歩く早さで中央に進み、1つ内側の円周上で止まる。
(5) 回れ右をして外向きになる。中央にできる3段塔のいちばん上の人に合わせて両手を上に上げる。

隊形 4-C

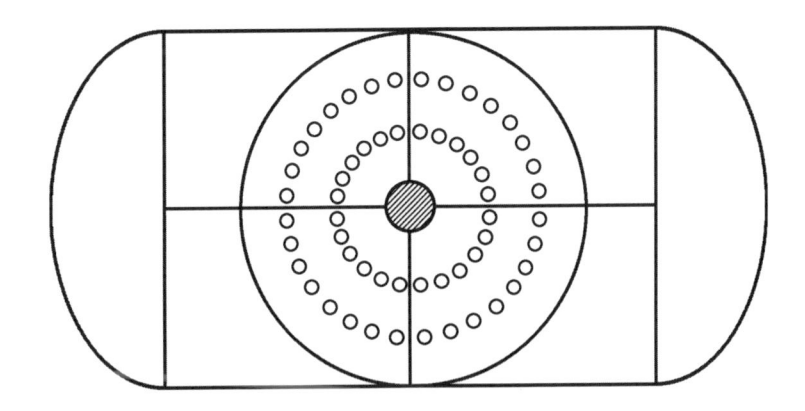

4－2　3段塔（大6人、中3人、小1人）

(1) 大、しゃがむ〈4呼間〉。
(2) 中、大の上に乗る〈4呼間〉。しゃがんだままの姿勢で待つ。
(3) 小、中の上に乗る〈8呼間〉。しゃがんだままの姿勢で待つ。
(4) 大が立ち上がる。
(5) 中が立ち上がる。
(6) 小が立ち上がり、手を横に上げる。肩車の（5）に合わせ、手を上に上げる。

5　3段塔を順につぶす。小から順々にしゃがんでいき、全部しゃがんだら、小よりとびおりていく。
6　全員で次の隊形に移動する。

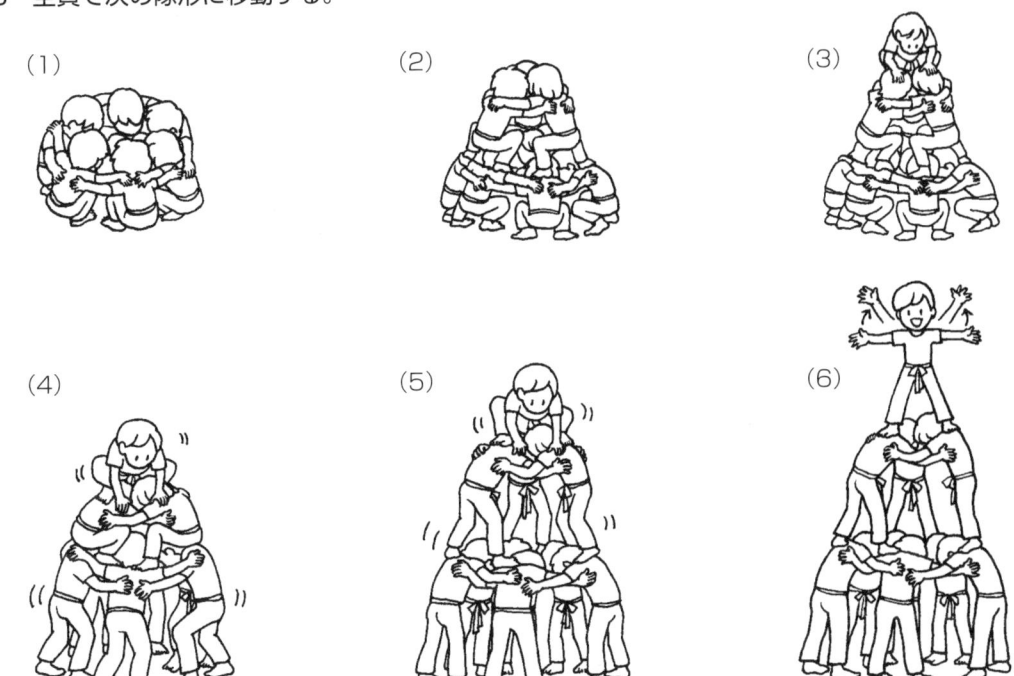

（5）ヒトから人間へ
【L字、1の字、ぼうし、ブリッジ、横十字、倒立、すべり台】

隊形 5-A

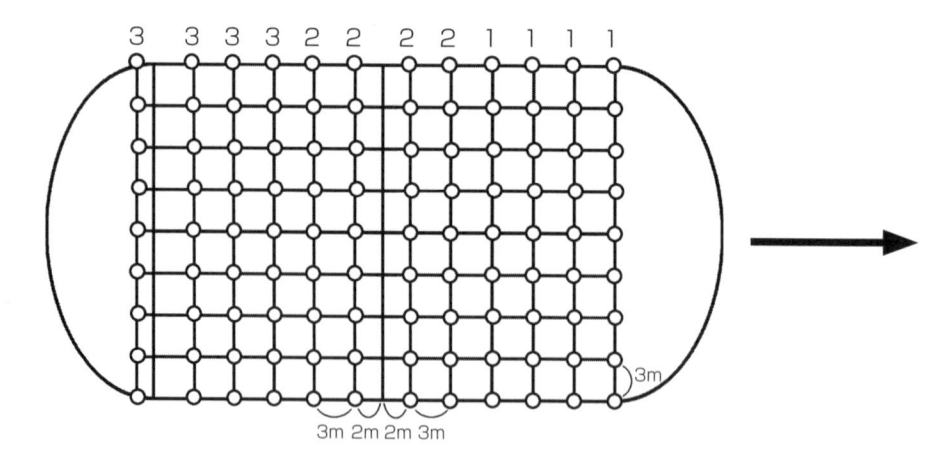

3　3　3　3　2　2　2　2　1　1　1　1

3m 2m 2m 3m
3m

音楽・効果音　映画音楽など。

動き方

1　横移動をする。
（1）奇数番めの人が右へ動く。偶数番めの人は左へ動く。
（2）反対へ繰り返す。

2　(1)L字→(2)1の字→(3)ぼうし→(4)ブリッジ→(5)横十字の流れで動く。
（1）あおむけに寝る〈8呼間〉。足を直角に上げる〈8呼間〉。
（2）肩倒立をし、手は腰を支える〈16呼間〉。
（3）つま先を地面につけ〈16呼間〉、もどす〈8呼間〉。
（4）用意をし〈8呼間〉、腰を上げてブリッジになる〈16呼間〉。そしてもどす〈8呼間〉。
（5）横座りになり〈8呼間〉、手を広げて十字の形になる〈16呼間〉。前へ倒れる〈8呼間〉。整列〈8呼間〉。

隊形 5-B

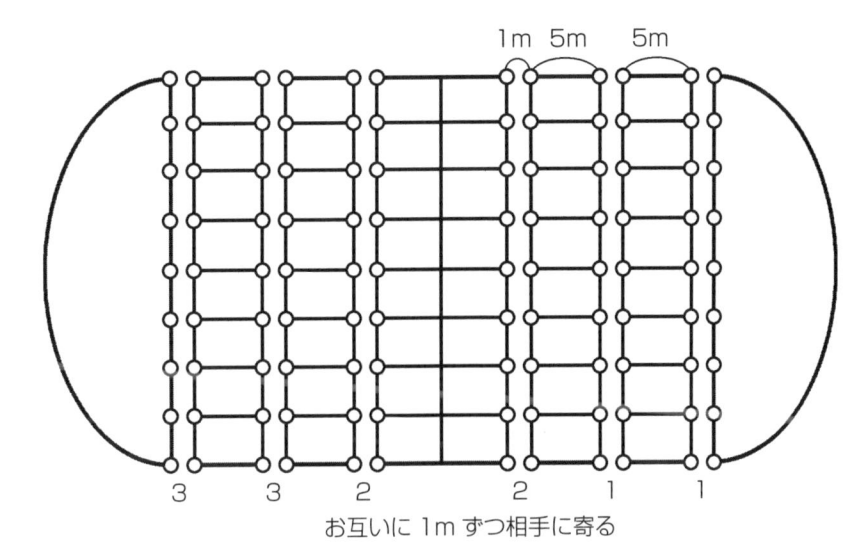

```
         1m 5m    5m
    3   3    2   2  1
```
お互いに 1m ずつ相手に寄る

3　(1) 倒立→ (2) すべり台の流れで動く。
(1) 2人組になり（大、小1人ずつ）、1人が倒立をしても
　　う1人が足を支える。次に交代して同じようにする。
(2) 大が座る。小は地面に手をついて大の肩に足をかける。
　　大は小の足を持ち上げて完成。

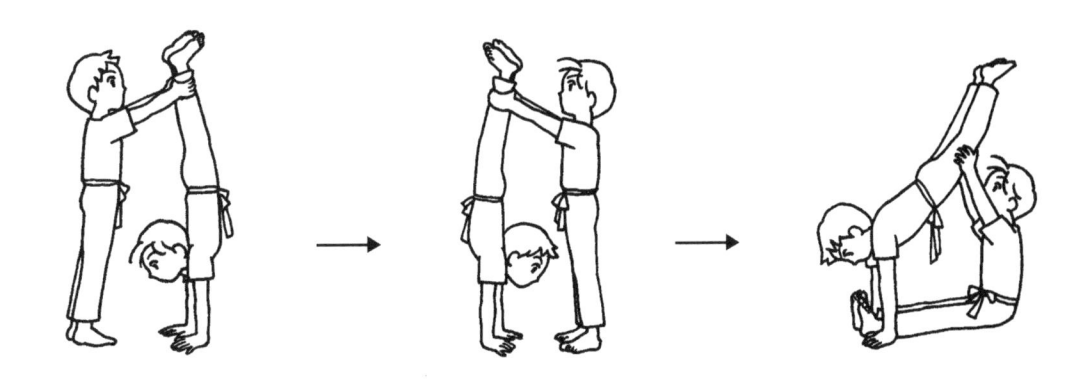

4　整列して次の隊形に移動する。

（6）文明が生まれる
【かんむり、倒立バランス、ゲート、やぐら、３人すべり台、テント、屋根】

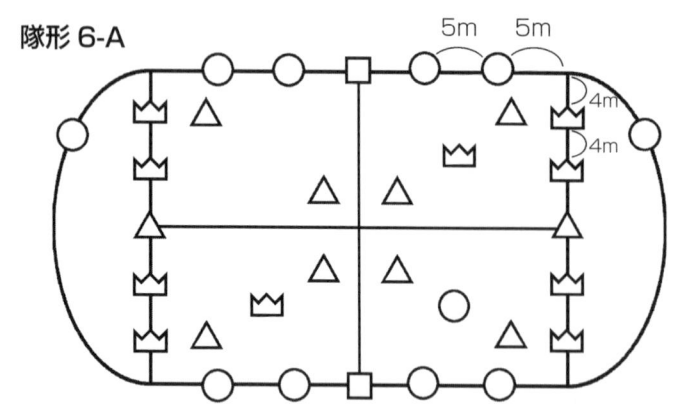

隊形 6-A

ナレーション

１人１人では弱い人間は、力を合わせて、文明を築いてきました。

音楽・効果音

映画音楽など。

動き方

1　かんむり、倒立バランス（３人・４人・５人）
● かんむり
(1) 大、足を出す。
(2) 小、１歩下がる〈８呼間〉。
(3) 小、大の足にのる〈８呼間〉。
(4) 完成〈16呼間〉。
(5) おりる〈８呼間〉。整列〈８呼間〉。
● 倒立バランス（３人組）
(1) 用意〈８呼間〉。
(2) 左側倒立〈16呼間〉。
(3) 完成〈16呼間〉。
(4) くずして整列〈８呼間〉。
● 倒立バランス（４人組）
(1) 肩車、倒立用意〈８呼間〉。
(2) 肩車立つ〈８呼間〉。
(3) 左側倒立〈16呼間〉。
(4) 完成〈16呼間〉。
(5) くずす、しゃがむ〈８呼間〉。小、おりる。整列〈８呼間〉。
● 倒立バランス（５人組）
(1) 大、２人台〈８呼間〉。
(2) 小、乗って立つ。倒立用意〈８呼間〉。
(3) 左側倒立〈16呼間〉。
(4) 完成〈16呼間〉。
(5) くずす〈８呼間〉。
(6) 小、おりる。整列〈８呼間〉。
　（３人組は、４人組・５人組の完成に合わせて完成）
　次の隊形に移動する〈８呼間〉。

かんむり

倒立バランス
３人組

４人組

５人組

隊形 6-B

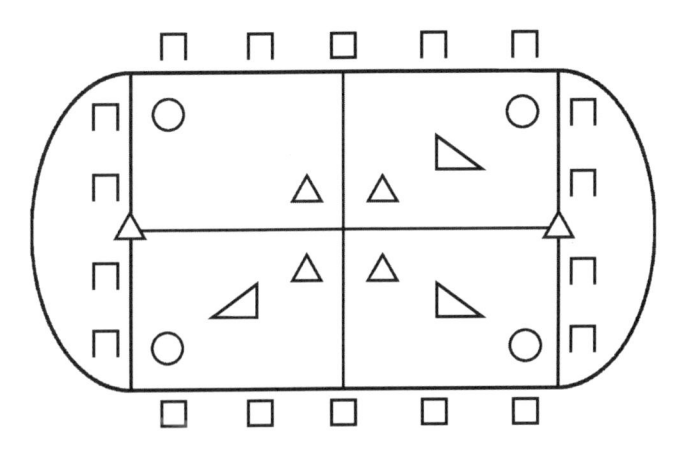

2　ゲート、やぐら、3人すべり台、テント、屋根

●ゲート
(1) 大、座る。
(2) 小、1歩下がる〈8呼間〉。
(3) 小、乗る〈8呼間〉。
(4) 立つ〈8呼間〉。
(5) 完成〈16呼間〉。
(6) 肩に下ろし座る〈8呼間〉。
(7) おりる〈8呼間〉。
(8) 整列〈8呼間〉。

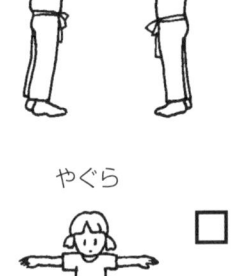

●やぐら
(1) 大、台〈8呼間〉。
(2) 中、台〈8呼間〉。
(3) 小、乗る〈8呼間〉。
(4) 完成〈16呼間〉。
(5) 小しゃがみ、小おりる〈8呼間〉。
(6) 中、立つ〈8呼間〉。
(7) 整列〈8呼間〉。

●3人すべり台
(1) 大、座る。
(2) 小、1歩下がる〈8呼間〉。
(3) 小、乗る〈8呼間〉。
(4) 立つ〈8呼間〉。
(5) 完成〈16呼間〉。
(6) 肩に下ろし座る〈8呼間〉。
(7) おりる〈8呼間〉。
(8) 整列〈8呼間〉。

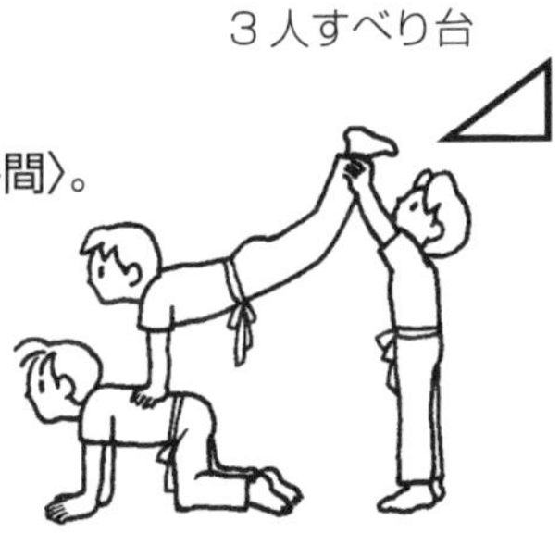

●テント
(1) 大、向かいあって座る〈8呼間〉。
(2) 小、肩に足をかける〈8呼間〉。
(3) そのまま〈8呼間〉。
(4) 完成〈16呼間〉。
(5) しゃがむ〈8呼間〉。
(6) くずす〈8呼間〉。
(7) 整列〈8呼間〉。

●屋根
(1) 大、背中合わせに座る〈8呼間〉。
(2) 小、肩に足をかける〈8呼間〉。
(3) そのまま〈8呼間〉。
(4) 完成〈16呼間〉。
(5) 左側に下ろす〈8呼間〉。
(6) 待つ〈8呼間〉。
(7) 整列〈8呼間〉。
完成を合わせる。

(7) 高度な文明【ピラミッド、扇】

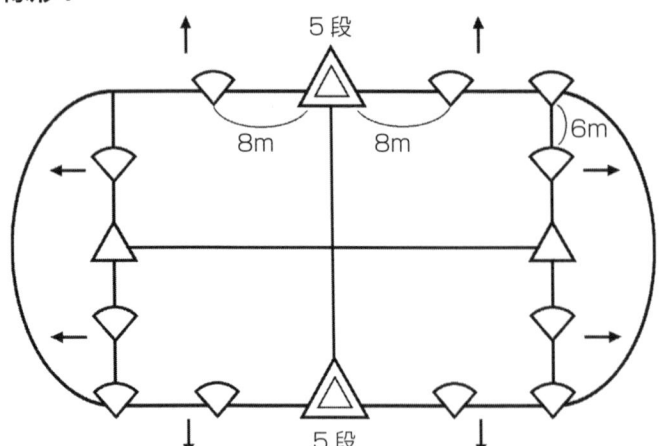

隊形7

> **ナレーション**
> 人間は、よりよいものを目指して科学を発達させ、すばらしいものをたくさんつくりあげました。戦争で、多くの物が破壊されたこともありました。

音楽・効果音
映画音楽など。

動き方

前奏　移動

● ピラミッド
(1) 特大、台〈8呼間〉。
(2) 大、台〈8呼間〉。
(3) 中、乗る〈16呼間〉。
(4) 小、乗る〈16呼間〉。
(5) 左見る〈4呼間〉。
(6) 右見る〈4呼間〉。
(7) 上見る〈8呼間〉（完成）。
(8) 小、おりる〈8呼間〉。
(9) 中、おりる〈8呼間〉。
(10) 大、おりる〈8呼間〉。
(11) 整列〈8呼間〉。

● 扇
(1) 中央の3人手をつなぐ。
(2) 小、横座り〈8呼間〉。
(3) 小と手をつなぐ〈8呼間〉。
(4) 完成〈16呼間〉。
(5) 前に倒れる〈8呼間〉。
(6) そのまま〈16呼間〉。
(7) 整列〈8呼間〉。

扇はピラミッドに合わせて完成させる。

ピラミッド　5段

4段

扇

（8）平和へのかけ橋【ブリッジ、波】

隊形 8

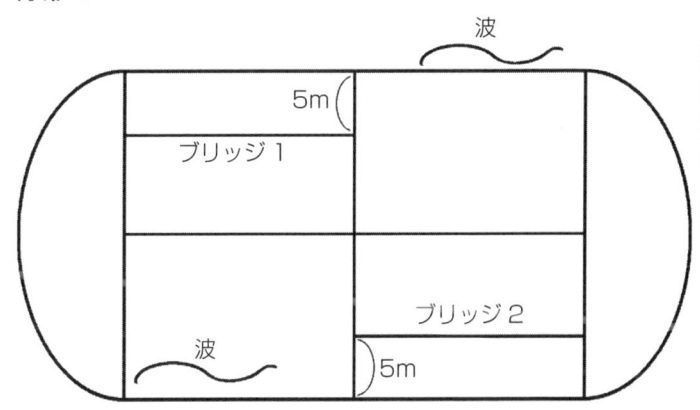

（図：競技場の配置図。上部に「波」、「5m」、「ブリッジ1」、下部に「ブリッジ2」、「5m」、「波」）

ナレーション
人間は、宇宙へさえ行けるほどのすばらしい文明をつくりあげてきました。海をこえ、民族をこえて、平和のかけ橋をかけたいと願っています。

音楽・効果音
映画音楽など。

動き方

●ブリッジ
24人×2
(1) 大、座る〈8呼間〉。
(2) 小、乗る〈16呼間〉。
(3) 大、立つ〈8呼間〉。
(4) 完成〈16呼間〉。
(5) 小、座る〈8呼間〉。
(6) 大、座る〈8呼間〉。
(7) 小、おりる〈8呼間〉。
(8) 整列〈8呼間〉。

ブリッジ

●波
29人　30人
(1) ひざをつき手を組む〈8呼間〉。
(2) はじめる〈8×10呼間〉。
(3) やめて立つ〈8呼間〉。

すべて、完成に合わせる。

波

地球の誕生、そして未来・21世紀へ

(9) 未来（21世紀）へ【5段塔、橋、朝顔、飛行機】

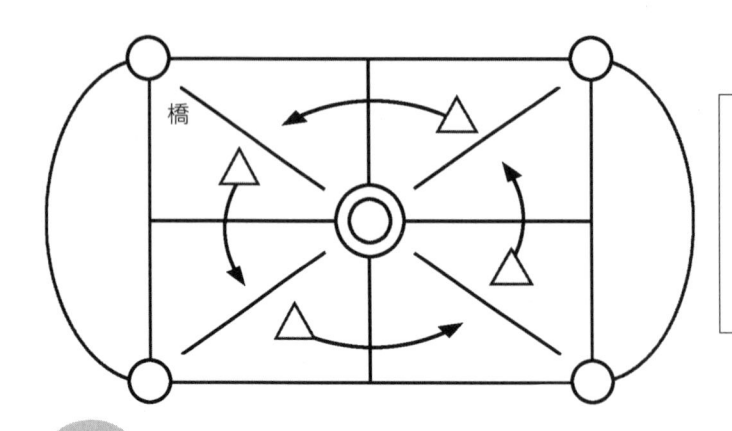

ナレーション
私たちの未来には、もっと科学が発達し、人びとみんなが平和で豊かに暮らしていける地球であってほしい。戦争もなく、豊かな自然にもかこまれて。

音楽・効果音
映画音楽など。

動き方

●5段塔　12人12人6人3人1人
(1) 特大、座る。
(2) 大、乗る。
(3) 中、乗る。
(4) 小、乗る。
(5) 特大、立つ。
(6) 大、立つ。
(7) 中、立つ。
(8) 小、立つ（完成）。
(9) 小、座る。
(10) 中、座る。
(11) 大、座る。
(12) 特大、座る。
(13) 小、おりる。
(14) 中、おりる。
(15) 大、おりる。
(16) うつぶせ。

5段塔

●橋　12（13）×4
(1) 大、座る。
(2) 小、乗る。
(3) 大、立つ。
(4) 完成。
(5) 小、座る。
(6) 大、座る。
(7) 小、おりる。
(8) うつぶせ。

橋

●朝顔　8人×4
(1) 大、首を入れる。
(2) 大、立つ。
(3) 円陣を組む。
(4) 開く閉じる。
(5) 開く閉じる。
(6) 開く閉じる。
(7) 開く閉じる。
(8) 開く閉じる。
(9) 開く。
(10) 閉じる。
(11) 開く。
(12) 閉じる。
(13) 座る。
(14) 小、おりる〈8呼間〉。
(15) うつぶせ〈8呼間〉。

●飛行機　3人×4
(1) 大、首を入れる。
(2) 立つ。
(3) 前、大に足をかける。
(4) 小、足をかける。
(5) 移動。
(6) つぶしてうつぶせ。

塔の完成に合わせる。

（10）21世紀の主人公に（退場）

隊形 10-A

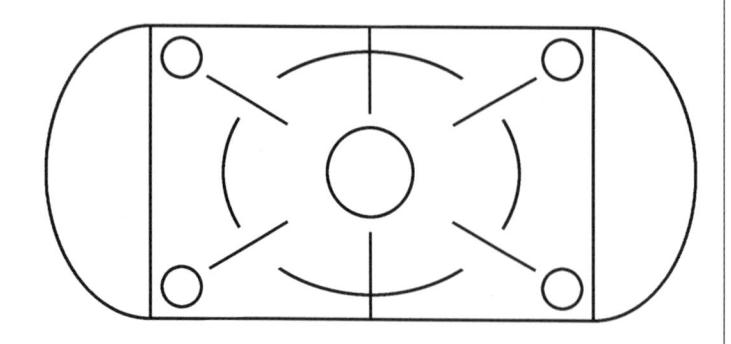

ナレーション

　私たち6年生は、21世紀を支えて生きていきます。戦争の問題、自然破壊など、なんとかしなくてはならない問題もたくさんあります。わたしたちは、それらの問題もなんとか解決して、もっともっと住みよい地球にしていきたいと思っています。
　21世紀の主人公は私たちです。

動き方

音楽・効果音

映画音楽など。

1　塔・橋・朝顔・飛行機をつぶし、その場にうずくまっている。

隊形 10-B

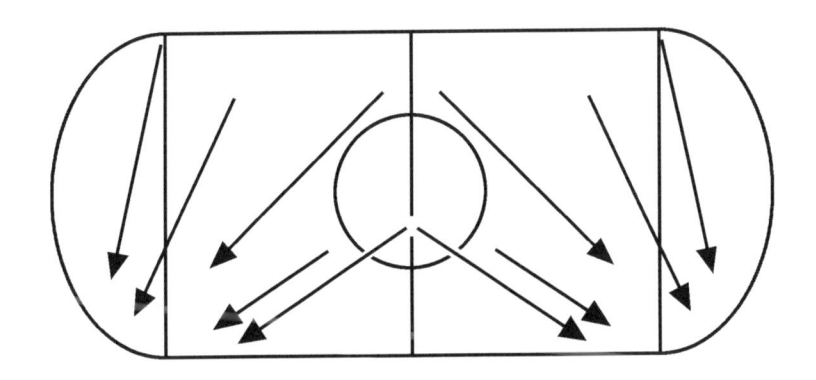

地球の誕生、そして未来・21世紀へ

2　退場曲が始まったら、順に立って（16 呼間おき）、門に向かって歩いていく。
Ⅰ、Ⅱ、Ⅲ、Ⅳの順番に立ち上がる。

3　一度に立ち上がる人数は、だんだん少なくなる。
（Ⅰ）朝顔、橋
（Ⅱ）塔の 3・4・5 段め（下）
（Ⅲ）塔の 1・2 段め、飛行機に乗っていた人
（Ⅳ）飛行機の土台

よさこいソーラン

中・高学年

　高知のよさこい祭りを見て感動した大学生が、仲間を誘って札幌でも同じような祭りを企画し、1992年に開催したのが「YOSAKOIソーラン祭り」の始まりと言われています。その祭りで踊るのがよさこいソーランです。

　よさこいソーランのルールは2点だけです。
①鳴子(なるこ)を持って踊る。
②ソーラン節のフレーズが必ず入っている。

　この2点を守れば、踊りも曲もそれぞれのチームで好きなように創作してもよいということです。

　今回取り上げた「よさこいソーラン」は、京都の太鼓センターが創作した踊りをベースに運動会で取り組んだものです。

構成　前奏→1番→2番→間奏→2番→1番→後奏

鳴子
(2つで1組)

```
用意するもの●鳴子…1人1組
音楽CD『タキオのソーラン節』(伊藤多喜雄＆TAKIO BAND)
運動会での服装●半そで　長トレ　はっぴ　はだし
```

※『ちゃーびらさい・よさこいソーラン』(太鼓センター)の教則DVDが発売されています。

はっぴのつくり方

※身長に合わせて、袖と裾の長さで調整する。細い人は、前たてを15～20cmくらいとって、全部を細くすることもできる。

布の切り方

右図は1.5～2cmの縫いしろを含んでいる。布はほつれにくい生地なので、どうしても手間をかけたくない人は、端ミシンをかけずに、1mmほどずらして2度ミシンをかける方法もある。ていねいに仕上げたい人は端ミシンをかける。

1　布に直接、右図のように線を引く。
2　太線の通り、はさみで布を切る。
　（点線部分は、折るだけなので切らないように）

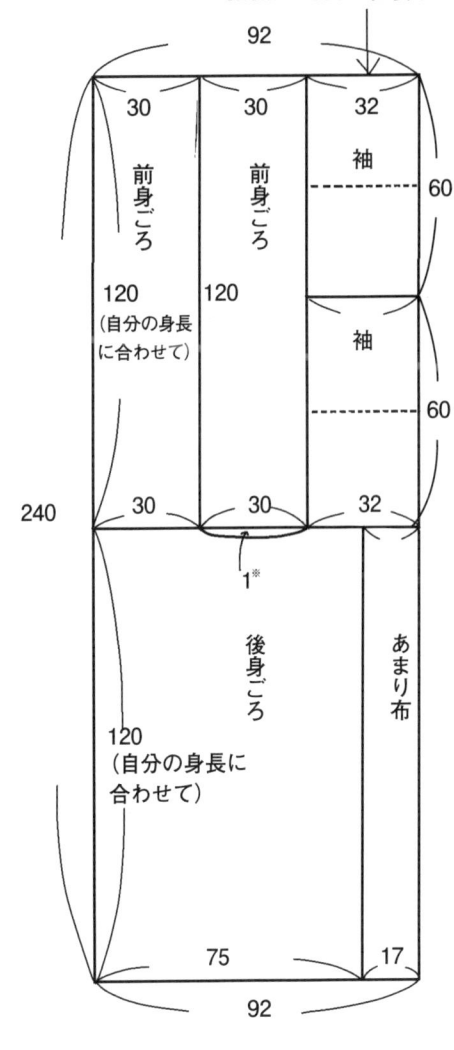

下のような布がとれる

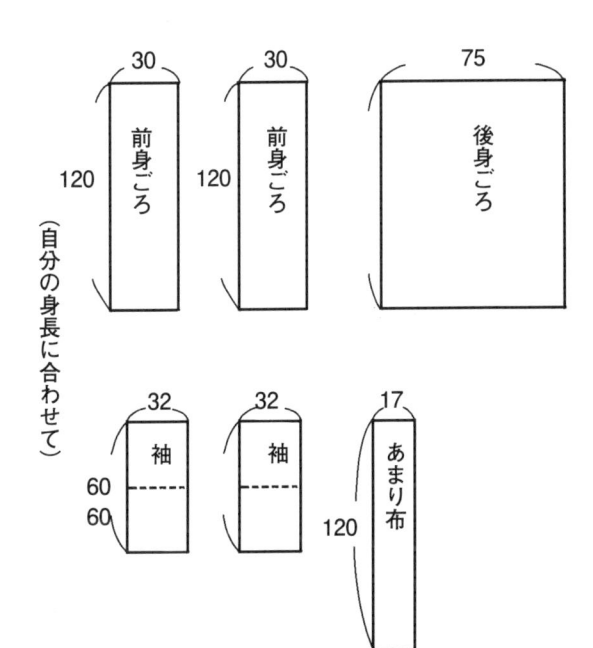

プラス黒のえり用布

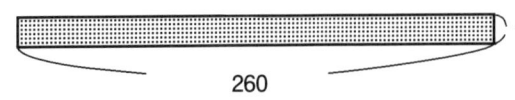

単位 =cm

※ =1cmくらい下のところにそってゆるいカーブをつけると、黒布でえりをつける時につけやすい。カーブはつけてもつけなくてもどちらでやってもよい。

身長に調節する時はこちらの方をあまらせる。（袖は32cm×60cm必要なので）

よさこいソーラン

布の縫い方

縫いしろは布に含んでいるので、1.5cmくらいのところを縫っていくとよい。

1 前身ごろと後身ごろを縫い合わせる。
(1) 中表にして（2枚の布の表と表を合わせる）、後身ごろに前身ごろ①を重ねて、肩の線を縫う。（点線のところ）
(2) もう1枚の前身ごろ②を後身ごろに重ねて肩の線を縫う。（点線のところ）

2 袖をつける。
(1) 身ごろと袖を中表にして、下図のように肩の線を合わせて重ねる。まち針を打ち、ミシンまたは手縫いする。

※この時、袖は布の端を使っているので、わきの方に切った方をもっていき、布の端を残しておくと、後で袖口を縫う時に2つ折りですむので便利。

1で縫い合わせたものを広げると、このようになる。

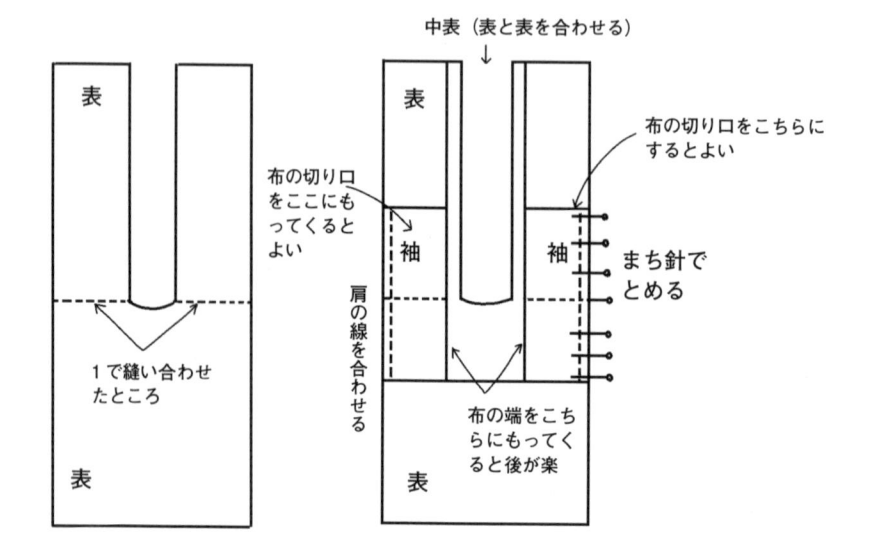

3　えりをつける。

(1) 黒布にアイロンで折り目をつけておく。
(2) 右図のように両端を5mm～1cm折りこんでアイロンをかける。
(3) それをさらに2つに折り、アイロンをかける。
(4) えりの黒別布に身ごろをはさみこむ。
(5) まち針を打って、しつけ糸で仮縫いする。
　　（仮縫いしておく方が、よりうまくえりをつけられる）

※首回りが一番むずかしいので、首回りはまち針を細かく打って必ず仮縫いした方がうまく縫える。

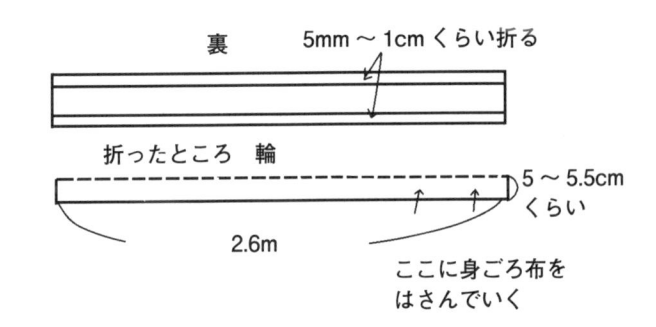

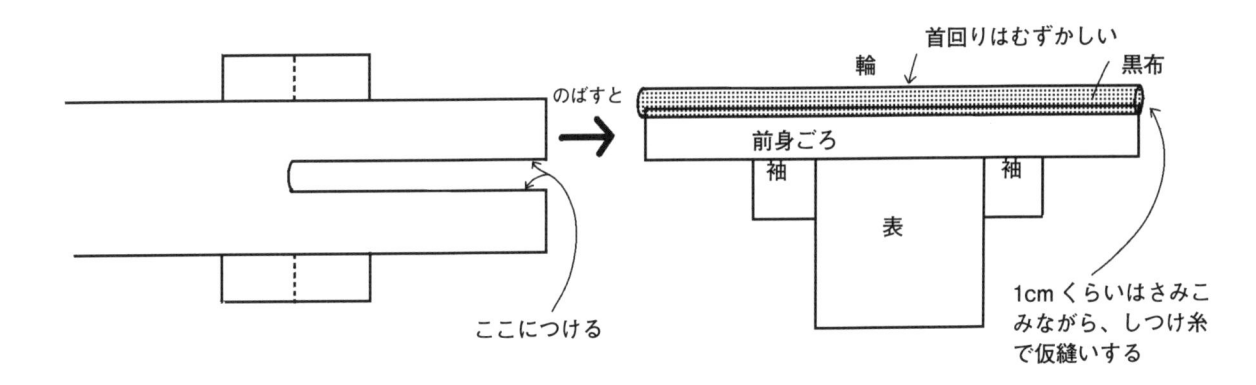

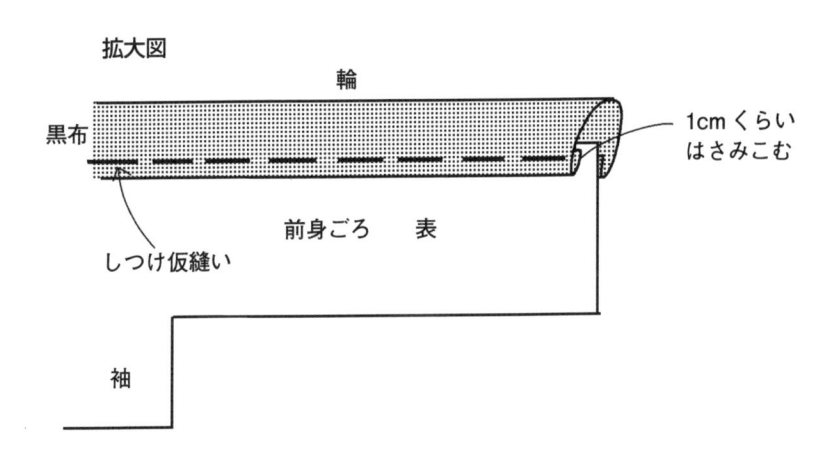

裏　5mm～1cmくらい折る

折ったところ　輪　　　　　　　　5～5.5cm
　　　　　　　　　　　　　　　　くらい
　　　2.6m
　　　　　　　　ここに身ごろ布を
　　　　　　　　はさんでいく

のばすと　　首回りはむずかしい
　　　　　　輪　　　　　　黒布
　　　　　　前身ごろ
　　　　　袖　　　　袖
　　　　　　　表
ここにつける
1cmくらいはさみこみながら、しつけ糸で仮縫いする

拡大図
　　　　輪
黒布　　　　　　　　　　1cmくらい
　　　　　　　　　　　　はさみこむ
しつけ仮縫い
前身ごろ　表
袖

4 袖下側とわきを縫う。

(1) 片方の袖の下とわきを縫う。
①を縫う。一度糸を切る。
次に②を縫う。
①②を続けて縫ってしまうとわきがつったようになるので、①と②の間はわきに少し穴があいた状態の方がつっぱった感じがなくてよい。

5 袖口、裾を縫う。

(1) 袖口と裾にアイロンをかけておく。
袖口は、布の端がわき側でなく袖口の方にあれば、3つ折りではなく、2つ折りでアイロンをかけてもよい。
(2) 袖口を縫う。
(3) 裾を縫う。長さがわからない人は、確認してから縫うこともできるので、まだ放っておいてもかまわない。
(4) 完成。名前を書く。

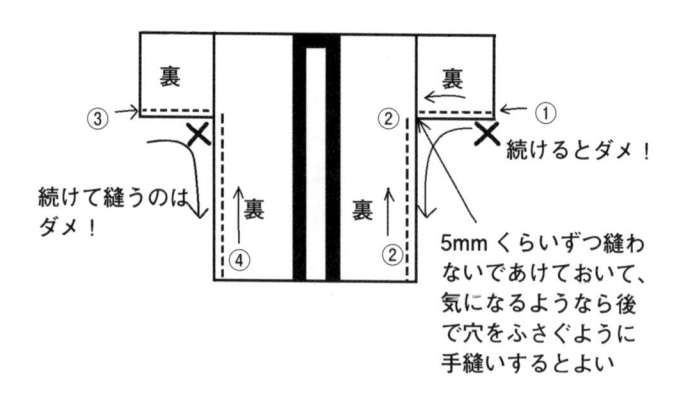

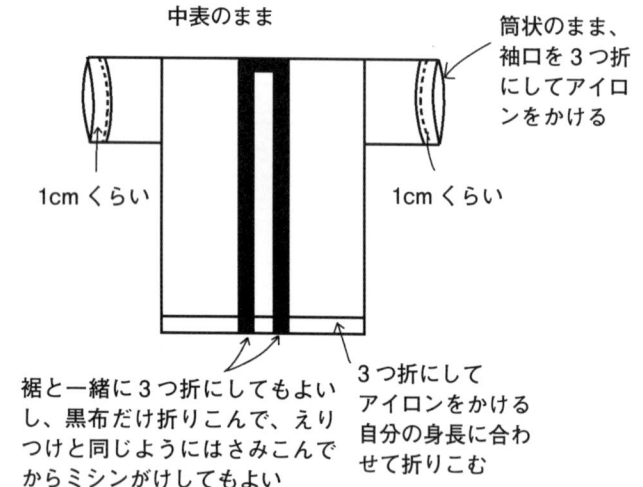

・・

タキオのソーラン節　　作詞・作曲：伊藤多喜雄

【歌詞】

※ドッコイショ　ドッコイショ
　（ドッコイショ　ドッコイショ）
　ソーラン　ソーラン
　（ソーラン　ソーラン）
　ドッコイショ　ドッコイショ
　（ドッコイショ　ドッコイショ）
　ソーラン　ソーラン
　（ソーラン　ソーラン）

1番　ヤーレン　ソーラン　ソーラン
　　　ソーラン
　　　ソーラン　ソーラン　（ハイハイ）
　　　ねじりはちまき　キリリとしめて
　　　唄え踊れと　ソーラン節じゃ
　　　ヤサエ　エンヤー
　　　サーノドッコイショ

※繰り返し

2番　ヤーレン　ソーラン
　　　ソーラン　ソーラン
　　　ソーラン　ソーラン　（ハイハイ）
　　　おらが北海道の　ソーラン節は
　　　今に見せたい　ものばかり
　　　チョイ
　　　ヤサエ　エンヤー
　　　サーノドッコイショ

※繰り返し

動き方

〈前奏〉　第1隊形

8小節　　始まりは座った状態から

8小節　　右から両腕を左右に振る（8回）

頭上を通って
右下から　　左下へ

8小節　　しゃがんだ状態で

上　　振る　　腕を交差　　横　　振る

① 2　　3 4　　②　　2　　3 4　　×3回

下　　上　　中　　横

⑦　　2　　3　　4

足を開いて立つ　　振りながら上へ

下から上へ

⑧ 2 3 4

8小節×2回

右上　　　　　左下　　　　　　　左上　　　　　右下

① 2　　　　　3 4　　　　　　② 2　　　　　3 4
（ドッコイショ）　（ドッコイショ）　　（ドッコイショ）　（ドッコイショ）

広げた状態から腕を交差させて1回旋

※繰り返し

③ 2 3 4（ソーラン　ソーラン）
④ 2 3 4（ソーラン　ソーラン）

〈1番〉
5小節　　右方向へ櫓こぎ

① 2　　　　　　　3 4　　　　　　② 2　　　　　　　3 4
　　　　　　　（ヤー　　　　　　　　　　　　　　　レーン）

③ 2　　　　　　　3 4　　　　　　④ 2　　　　　　　3 4
（ソーラン　　　　ソーラン）　　　　（ソーラン　　　　ソーラン）

⑤ 2　　　　　　　3 4
（ソーラン　　　　ハイハイ！）

ハイハイ

2小節　　腕を右下から回して止める　　　　腕を左下から回して止める

　　　　　右足斜め前　　　腕だけ後ろ　　　　左足斜め前　　　腕だけ後ろ

①　２　　　　　３　４　　　　　②　２　　　　　３　４
（ねじり）　　（はちまき）　　（キリリと）　　（しめて）

2小節　　右足前　　　　　右足後ろ　　　　　右足前　　　　　４で左足をけって横向き

①　２　　　　　３　４　　　　　②　２　　　　　３　４
（唄え）　　　（踊れと）　　　（ソーラン節　　じゃ）

4小節　　左方向へ（左足から）　後ろ向きで左方向へ（左足から）　左方向へ（左足から）

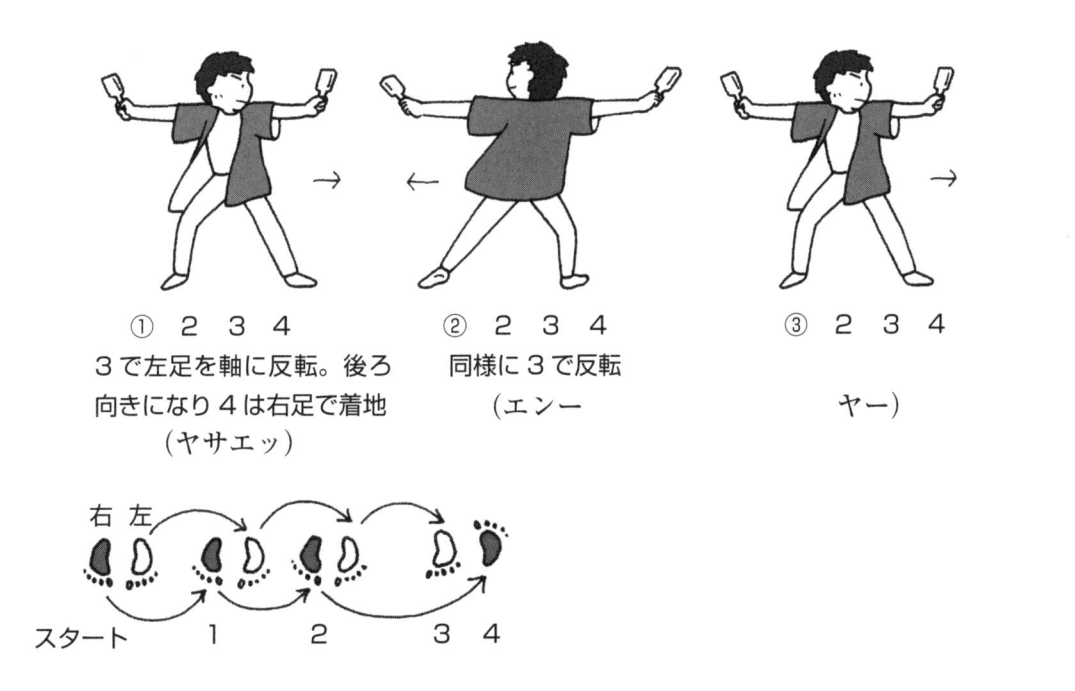

①　２　３　４　　　　　②　２　３　４　　　　　③　２　３　４
３で左足を軸に反転。後ろ　　同様に３で反転
向きになり４は右足で着地　　（エンー
（ヤサエッ）　　　　　　　　　　　　　　　　　ヤー）

右　左

スタート　　１　　２　　３　４

交差した腕を内から1回旋しながら　　ジャンプ

④　　　　　　　　　2　　　　　　　　　3　　　　　　　　　4
（サァ　　の　　　　　　　　　　　　　ドッコイ　　　　　　ショ）

8小節×2回

右上　　　　　　　　左下　　　　　　　　左上　　　　　　　　右下

①　2　　　　　　　　3　4　　　　　　　②　2　　　　　　　　3　4
（ドッコイショ）　　（ドッコイショ）　　（ドッコイショ）　　（ドッコイショ）

広げた状態から腕を
交差させて1回旋

※繰り返し

③　2　3　4　　　④　2　3　4
（ソーラン　ソーラン）（ソーラン　ソーラン）

〈2番〉 第2隊形に移動

よさこいソーラン

5小節
〈1番〉冒頭の5小節と同じ

③ 2 3 4
（ソーラン ソーラン）
※繰り返し
④ 2 3 4
（ソーラン ソーラン）
⑤ 2 3 4
（ソーラン ハイハイ！）

① 2　3 4　②234
（ヤー　　　　　レーン）

ハイハイ

2小節　下　　　右上　　　下　　　左上

①　　　2　　　3　　　4
（ お ら が ほ っ か い ど う の ）

右足上げる

②　　　2　　　3　　　4
（ ソ ー ラ ン 節 は ）

2小節　右回り　　　左回り

右足で回る　　　左足で回る

① 2 3 4　　② 2 3 4
（今に見せたい　ものばかり）

3小節

腕交差　　腕開く　　　　　腕交差　　腕開く

右足前　　左足上げる　　　左足前　　右足上げる
① 　　　 ２ 　　　　　　 ３ 　　　　４　　　※繰り返し
(チョイ　 ヤ 　　　　　　 サ 　　　　エ　　　②２３４
　　　　　　　　　　　　　　　　　　　　　　エンヤー)

後ろへ下がりながら腕を上げる

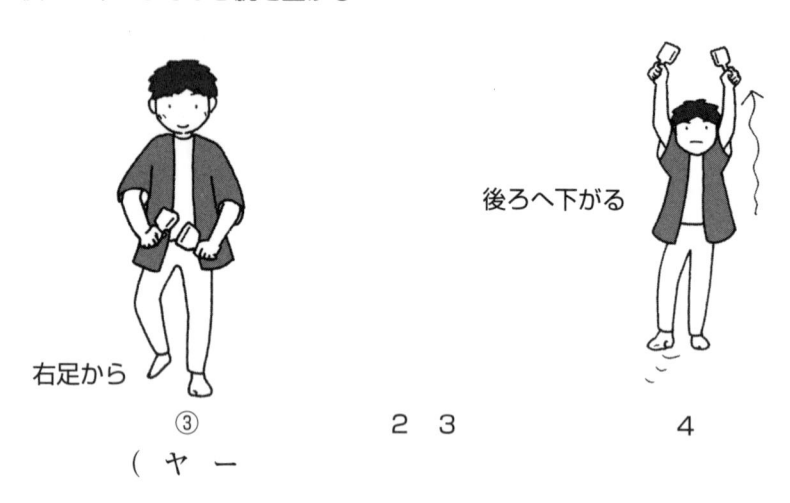

　　　　　　　　　　　　　　　　後ろへ下がる

右足から
③　　　　　　２　３　　　　４
(ヤー

　　　　　左足を軸に後ろ向きに
腕を右下へ　　　　　　　下　　中　　上

右足開く
　　　　　　１　２　　　　下　　中　　上
サー　　　　の　　　　　　ドッ　コイ　ショ)

〈間奏〉 第3隊形に移動

8小節
（演技は後ろ向き）

右上　　　　　　　左下　　　　　　　左上　　　　　　　右下

① 2　　　　　3 4　　　　　② 2　　　　　3 4
（ドッコイショ）　（ドッコイショ）　（ドッコイショ）　（ドッコイショ）

広げた状態から腕を交差させて1回旋

③ 2 3 4
（ソーラン　ソーラン）
④ 2 3 4
（ソーラン　ソーラン）
※繰り返し

8小節
（前向き）　立った状態で

上　　　振る　　腕交差　　横　　　振る

① 2　　3 4　　②　　2　　3 4

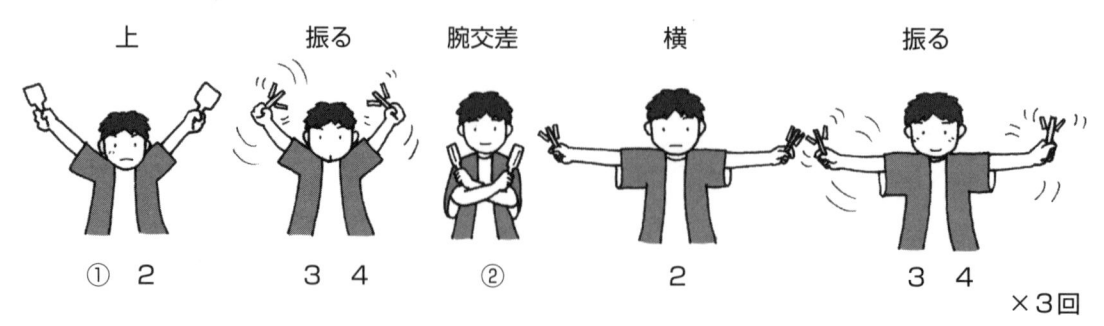

×3回

下　　　上　　　中　　　横

⑦　　2　　3　　4

振りながら上へ

下から上へ

⑧ 2 3 4

8小節

①234
②234
③234
④234

4番　3番

2番　1番

1番から順に座る
⇩　　立つ
　　①234
　　②234

③ 2 3 4
腕 下 上 中 横
④ 2 3 4
下から上へ

左手を右方向へ

③で向きを変える

〈2番〉

※同じ踊り

向き合う

ドッコイショ　ドッコイショ　（ドッコイショ　ドッコイショ）
ソーラン　ソーラン　（ソーラン　ソーラン）
※繰り返し

〈1番〉

※同じ踊り
背中合わせ

ヤサエ　エンヤー　サーノ　ドッコイショ

前向き

〈後奏〉

16小節　　ドッコイショ　ドッコイショ（ドッコイショ　ドッコイショ）
　　　　　ソーラン　ソーラン（ソーラン　ソーラン）

×4回

4小節　　右から　左　大きく腕を振る

4小節　　外へ

8小節

① 上 2 振る 3 4　　　② 腕交差 2 横 振る 3 4

1歩ずつ前進

③234　④234
⑤234　⑥234

⑦ 2 3 4
腕 下 上 中 横
⑧ 2 3 4

ポーズ

右足1歩前

運動会での構成例　　隊形図

入退場（和太鼓で門からかけ足で第1隊形に行く）

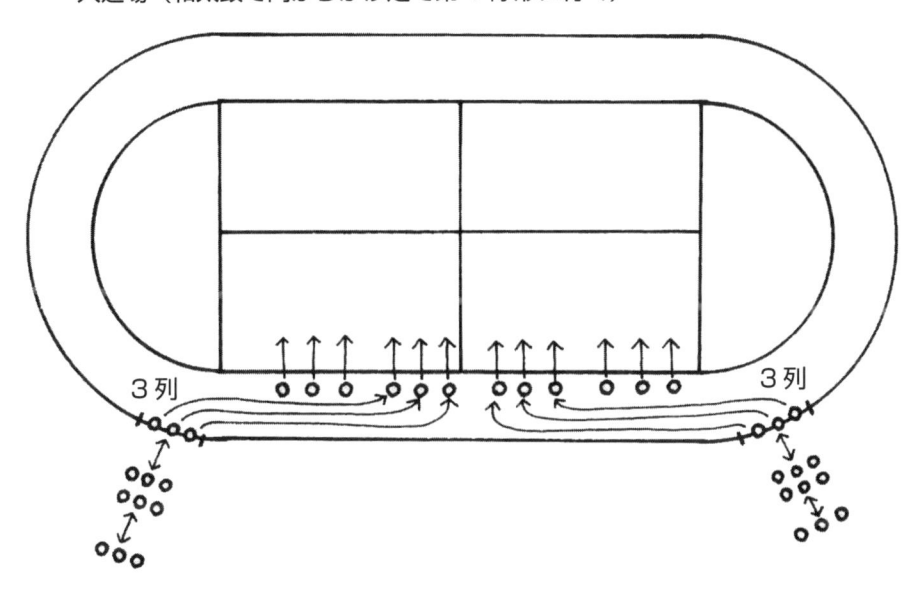

3列　　　　　　　　　　　　　　　　　　　　3列

第1隊形（前奏から〈1番〉の終わりまで）

3列　　　　　　　　入場
　　退場　　　　3列

第2隊形（〈2番〉の5小節・櫓こぎで ⊠ に移動）

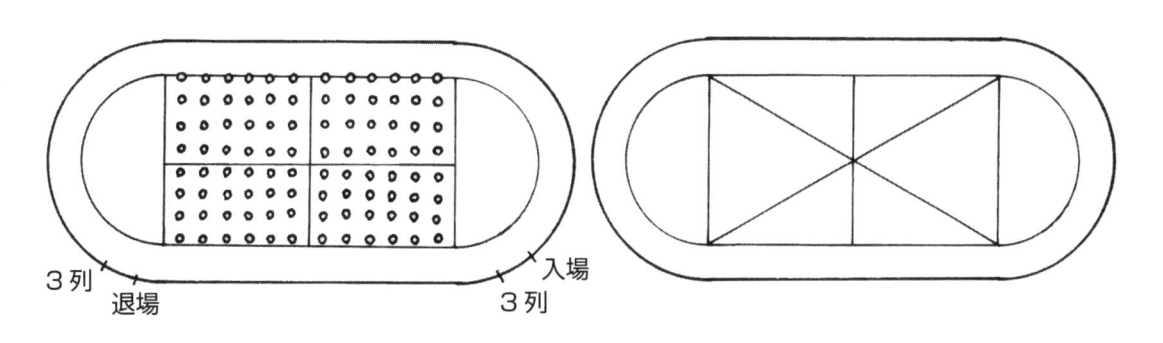

第3隊形（〈2番〉の間奏8小節・櫓こぎで円周上に移動）　　退場もかけ足（和太鼓で）

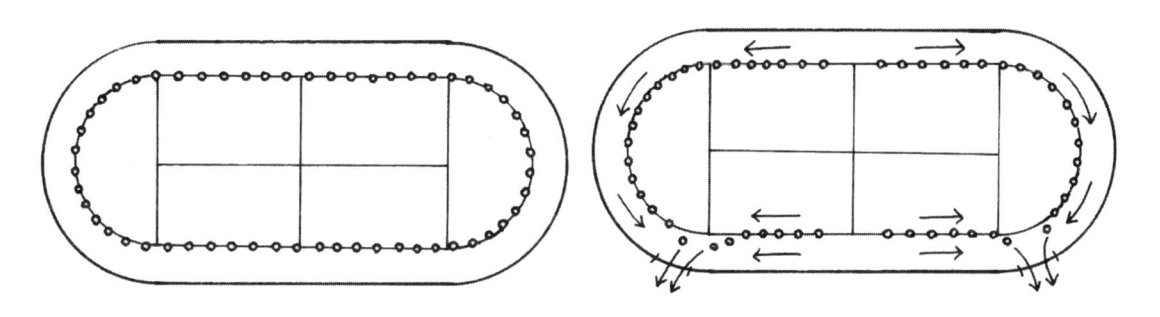

よさこいソーラン

大森のみかぐら
高学年

　大森神楽(かぐら)は、岩手県南部と宮城県北部の村々に伝わる通称「南部神楽」の1つです。神楽が一般に宮廷や神社に伝わるものであるのに対して、「南部神楽」は農民の芸能です。この地にもかつて神職たちが布教を兼ねて神楽を演じてまわっていましたが、明治初期の宗教政策によってそれが中断した時に、農民たちが自ら神楽を演じたのが始まりだったと言われています。したがってそこにはこれをつくりあげ、伝えてきた農民たちの芸能に寄せる想い、身体感覚や美意識が強く刻印されています。

　大森神楽は1970年、当時衣川(ころもがわ)小学校大森分校に勤務する故三好京三氏が、過疎化で児童数が減る分校を活性化させ、地域に文化が息づいていることを体験的に学習させるとともに、本校や都会の子どもに比べて萎縮しがちな分校の子どもたちに自分を堂々と表現できる力を育みたいと、隣村の大原神楽の小坂盛雄氏（当時：衣川村教育長）に指導を依頼したのが始まりです。

【大森のみかぐらの魅力】
①扇が舞う美しさ。
②全身の躍動感。
③仲間といっしょに踊る楽しさ。

用意するもの●扇…左手に持つ　錫杖(しゃくじょう)…右手に持つ
運動会での服装●半そで　半パン　はだし

全体的な指導のポイント

①体重を預けて沈みこみ、跳ね返る力に乗ってフワッと体を浮かせて跳ね上がるタイミングをつかむ。
②軸足にそって回転していく、舞いまわる楽しさを味わうことができる。
③扇や錫杖を使って全身を躍動させる動きを身につける。
④体の同じ側で重さを受けとめながら、前後へ移動する体づかいを身につける。

学習形態

　4人を最小単位の学習形態とし、その中で向かい合った2人、同じ側に並んだ2人がお互いを感じ合いながら踊ります。
　踊りは教師が教えますが、子ども同士が教え合い、学び合う学習集団をつくります。

構成

　もとになっている「鶏舞(とりまい)」は1番～8番まで15分以上かかる長い踊りなので、現地の型を大切にしながらその一部で構成した。

【8番】　向かい合って
　首ふり…5回
　立ち上がり
　まわりもどり＋足だし
　まわりもどり＋足だし
　まわりもどり＋足だし
　しまめぐり
　まわりもどり＋足だし
　まわりもどり＋足だし

【つなぎ】
　まわり拍子…2回　わたり拍子（移動）　わたり止め

【4番】
　おおとり…3回　止め…1回　トンシャン
　ナンバもどり　すさり

【つなぎ】　場所移動
　まわり拍子…2回　わたり拍子（移動）　わたり止め

【4番】
　おおとり…3回　止め…1回　トンシャン
　ナンバもどり　すさり

【つなぎ】　1列になる
　まわり拍子…2回　わたり拍子（移動）　わたり止め
　礼（立って）

【8番】　1列で（全員前向き）
　首ふり…5回
　立ち上がり
　まわりもどり＋足だし
　まわりもどり＋足だし
　まわりもどり＋足だし
　しまめぐり
　まわりもどり＋足だし
　まわりもどり＋足だし

　えいやさ（納め）
　前へ進む
　すわって
　礼

錫杖のつくり方

> 竹／1本　太いはりがね／1本　リボン／2本
> 鈴／4個　ホース／2本　細いはりがね／5本
> キリまたは千枚通し　ハサミ　定規

①リボンを×に重ね、細い
　はりがねを通してねじる。

②太いはりがねを竹に通す。
　リボンもはりがねに通す。

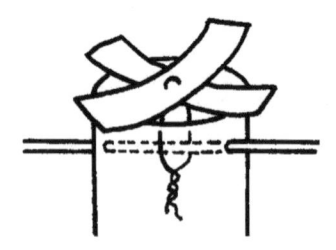

③ホースをはりがねに通す。

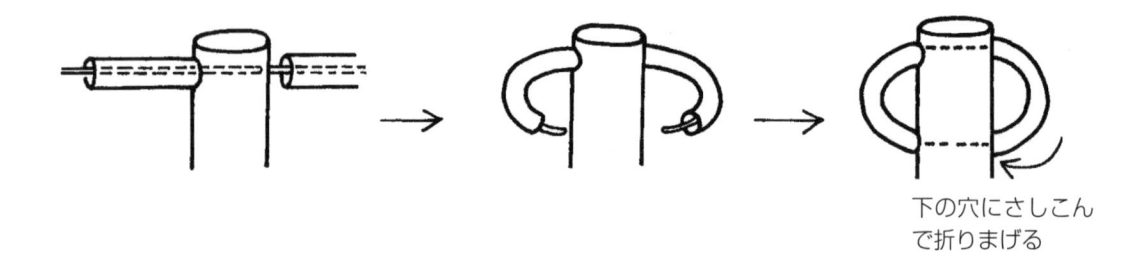

下の穴にさしこん
で折りまげる

④鈴を4つつける。

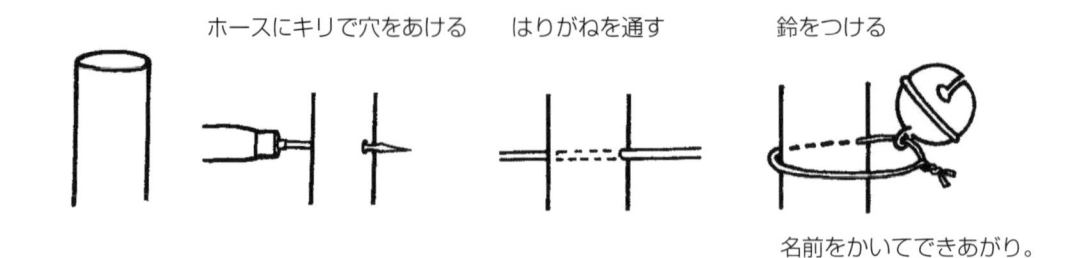

ホースにキリで穴をあける　　はりがねを通す　　鈴をつける

名前をかいてできあがり。

扇のつくり方

29cmの木／太2本、薄6本　四つ切画用紙／1枚
ボルト・ナット・ワッシャー／各1個　定規　ハサミ
キリまたは千枚通し　木工用ボンド

①四つ切の画用紙で扇の紙をつくる。

（ア）画用紙を半分に折る。

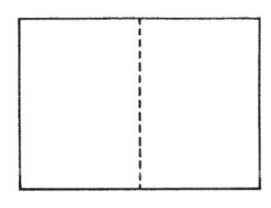

（イ）中心線に合わせて左右を三角に折り、さらに2回半分に折る。

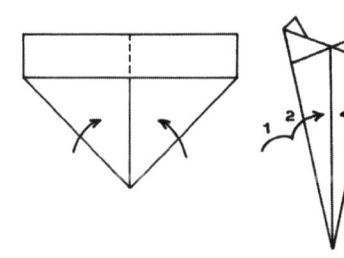

（ウ）左右それぞれ8つになる。端からじゃばらに折っていく。

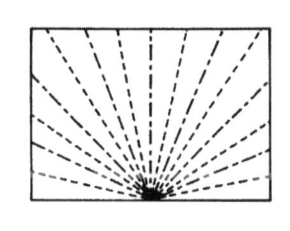

（エ）折り重ねたら、図の位置で上部を切り落とす。

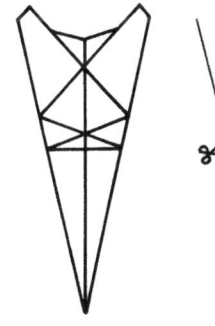

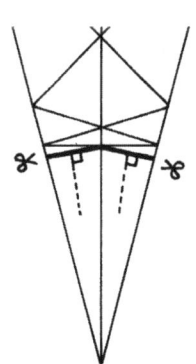

（オ）15.5cmのところで下を切り落とす。

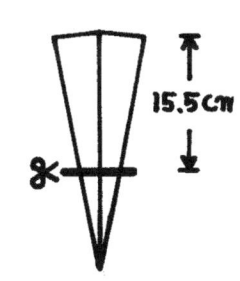

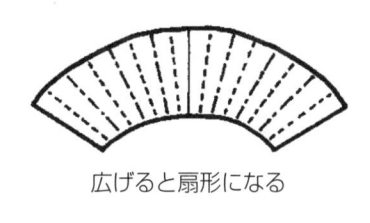

広げると扇形になる

② 16に分けたうち、1つ分をハサミで切りとる。
③ 木をそろえて、下から2.5cmの所と上から15.5cmの所に線をひく。
④ 2.5cmの所にキリで穴をあけ、木にボルトを通す。
⑤ 木に画用紙をはる。

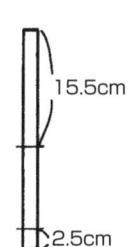

15.5cm
2.5cm

ナット　ワッシャー　ボルト

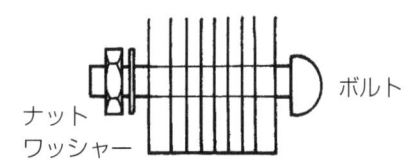

画用紙をひろげて木をおく

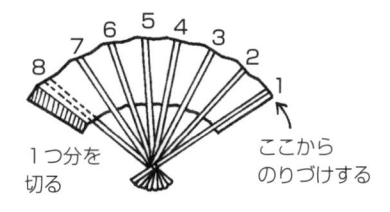

1つ分を切る　ここからのりづけする

①をつけ、画用紙を折りながら次の木をつける

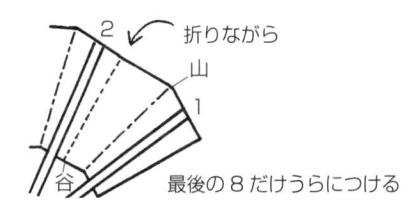

折りながら　山　谷

最後の8だけうらにつける

動き方　(1) 8番　　向かい合って、首ふり・立ち上がり

　首ふりは「みかぐら」のはじめの部分で、左右に首を振りながら、これから始まる踊りの準備をするところ。

　姿勢は、右足を1歩前に出し、半身になってしゃがむ。背筋をまっすぐに伸ばし、左足のかかとの上に左の座骨を乗せる。両手を前に出し、錫杖は頭を内側に向けて右手を水平に、扇は要を前方に突き出すように左手に持つ。

●最初のかまえと首ふり　　スッダコ・ダコンコ・ダン・カッカー

　　　　　　　　　　　スッダコ　　　　　ダコンコ　　　　　ダン　　　　　カッカー

| 「せんやー」の唄が聞こえたら首を振る準備。 | 「はー」と同時にたたかれるスッダコで首を右下に振る。 | 首を正面に戻して上げる。 | 首を落とす。 | はじめの正面向きになる。 |

次に、左側に同じように振る。これを5回繰り返す。

●立ち上がり　　ダーンコ・ダンダコ・スッダコ

　　　　　ダーンコ　　　　　　ダンダコ　　　　　　スッダコ

| 5回目のダーンコで、両手を一緒に振り下ろしながら全身で下に沈む。 | すぐに反動に乗って左足で一気に立ち上がりながら、右足を引き寄せる。 | 右に90度向きを変えて、「まわりもどり」(p79)のはじめの姿勢になる。 |

「ねり」（1番と8番の共通部分）

●まわりもどり　　スッダコ・ダコンコ・ダン・カッカー

肩幅よりやや広く足を開いて立つ。

まわり　スッダコ　→
もどり　スッダコ　←

沈んで弾み上がりながら、左足を軸足として反時計回りに半回転する。この時、右足は左ひざのあたりに自然にたらす。

ダコンコ　→
カッカー　←

ダン　→
ダン　←

右足を進行方向に下ろしてしっかりと踏み、ひざを浅めに曲げてその上に体重を乗せる。

→カッカー　→
←ダコンコ　←

右足を軸に弾み上がりながら、反時計回りに半回転する。

スッダコ

両ひざをゆるめて深く沈みこむ（ここまでを「まわり」と言う）。

ここからダコンコ・ダン・カッカー・スッダコで、ここまでの動きを映像の巻き戻しのような形で繰り返し、もとの位置に戻る（これを「もどり」という）。
※この段階ではまだ扇は持たないが、図は後の学習でもわかるように扇を持ったものにしてある（「もどり」のダコンコで扇を回す）。

指導のポイント

①スッダコの所は、沈んで弾み上がるのがひとまとまりの動きとなるようにする。
②ひざが曲がる方向は、足の指先が向いている方向と常に同じにする。
③この「まわりもどり」が全体の基本となるので、繰り返し練習する。沈んで跳ね、背筋を伸ばして、軸足での上下動の感覚がとらえられるようになるとよい。

●足だし　　スッダコ・ダコンコ・ダーンコ・ダンダコ

スッダコ	ダコンコ	ダーンコ	ダンダコ
「まわりもどり」と同じ。		右足を左足の前に交差させて置き（左足のかかとは少し浮く）。両足で床をしっかり踏んで重心を落とす。	床から跳ね返る力に乗って体をフッと浮かせ、スッダコでもとの位置に戻る。

●しまめぐり　　スッダコ・ダコンコ・ダン・カッカー
　　　　　　　　スッダコ・ダコダコ・ダン・カッカー
　　　　　　　　スッダコ・ダコンコ・ダン・カッカー
　　　　　　　　スッダコ・ダコダコ・ダン・カッカー
　　　　　　　　スッダコ・ダコンコ・ダン・カッカー
　　　　　　　　スッダコ・ダコンコ・ダン・カッカー

　スッダコ　　ダコダコ　　ダン　　カッカー　スッダコ

往きのしまめぐり
① 【スッダコ・ダコンコ・ダン・カッカー】まず「まわり」をやる。その後、
② 【スッダコ・ダコダコ】沈んだ姿勢から右足を軸に時計回りに1回転。
③ 【ダン】両足を踏んで腰を落とす。
④ 【カッカー】床から跳ね返ってくる力に乗って浮き上がりながら、左足を軸に時計回りに半回転。
⑤ 【スッダコ】両足を踏んで腰を落とす。

かえりのしまめぐり
① 「もどり」から往きのしまめぐりの動きを繰り返して（ダコダコの1回転の時の軸は右足）、
② もとの位置に戻る。

(2) つなぎ

●まわり拍子　　ダーンコ・ダーンコ・ダコダコ・ダン

ダーンコ	ダーンコ	ダコ ダコ	ダン
わたり拍子と同じ動き。		右足を軸に扇まわしをしながら、時計回りに1回転して、	もとの位置に戻る。

まわり拍子を2回やった後、1回目のわたり拍子の太鼓（口唱歌）は、（コン）ダンコン・ダンコン・スッダコダコンコと変調させたものを使うと、調子がよく合う。

●わたり拍子　　（ダコ）ダーン・カーット・カトカトカ

まわり拍子＋わたり拍子＋わたり止めをひとまとめにして「わたり拍子」と言う。これは移動して位置を変える時に使われる動きで、「ナンバ」の体づかいが特徴的。（ナンバ＝右手・右足、左手・左足が同時に動く動作）

（ダコ：捨てバチ）	ダン	カーット
左足に乗って右足を踏み出す準備。	右の手足を同時に前に出して右足で床を踏み、同時に錫杖を頭上で内ねじりして鳴らす。視線は錫杖。	扇を左下に落としながら、その場に両足でストンと沈む。錫杖は胸におさめ、視線は扇に移る。

大森のみかぐら

カト
カト
カ

左足のあった所を軸に跳ね上がり、右足を軸に引き寄せてその上に乗る。同時に、左手を上に上げて扇を回し、

左足を前に大きく踏み出して、回し終わった扇を胸におさめる。

これを繰り返しながら移動していく。

●わたり止め　　ダンコン・ダンコン・ダンダコ・ダン
わたり拍子から次の動きに移る時の止め方。

こうすることを
「小手の扇」という

ダンコン
「わたり拍子」と同じように右足を踏んで錫杖を鳴らす。

ダンコン
次のダンコンで扇と錫杖を胸に抱えてその場に沈む。

ダンダコ・ダン
右足を左足に引き寄せながら立ち上がり、同時に両手を左右に開いて「小手の扇」に決める。

(3) 4番

●おおとり　　　ダコダコ・ダコンコ・ダコンコ・ダンコン
　　　　　　　　ダコダコ・ダコンコ・ダコンコ・ダンコン

鳥が大きく羽を広げて羽ばたき、舞い上がるように踊る。ダイナミックで解放的な動きなので、子どもたちが好きな所である。

ダコダコ
「わたり止め」の後、一度後ろへ両手を引いて準備をし、ダコダコで右足を1歩踏み出して、両手を大きく羽ばたかせるように振り上げて跳ぶ。

ダコンコ
両手をそのまま後ろに回しながら右足で着地する。

ダコンコ
左足を踏み出しながら錫杖と扇を下から前に持っていき、扇まわしをして前に伸ばす。

ダンコン
左半身になり、扇を胸におさめて戻りながら右足の着地に向かう。

ダコダコ
着地した右足をしっかり踏んでその上に乗り、

ダコンコ
右足で弾み上がりながら扇と左足を後ろへ戻す。

ダコンコ
着地した左足にしっかり乗って右足を軽く前に上げ、錫杖を頭上にかざし、扇は左腰に後ろにつける。

ダンコン

● おおとり止め　　ダコダコ・ダコンコ・ダンダコ・ダン
　　　　　　　　　ダンコン・ダンコン・ダンダコ・ダン

ダコダコダコンコ	ダン	ダコ	ダン
「おおとり」の3回目に、ダコダコダコンコの後、	左足を前に大きく踏み出す。	右足で送り足をして、左足をもう1歩踏み出して扇を回す。	左足を着いて両足立ちになり、肩を胸におさめる。体と足先は進行方向に対して右向きになる。

次に、ダンコン・ダンコン・ダンダコ・ダンで、その場で「わたり止め」(p82) を行う。

● トンシャン　　ダーン・ダンコン・ダンダコ・ダンコン（トーン・シャンシャンシャン）

トーン	シャン	シャン	シャン
左足を軽く上げてから、左足を踏んでそれを軸に体を左に半回転させながらその場で軽く跳ぶ。同時に、両手の採物を上から回すようにして左ひざの所に持っていき、	扇と錫杖をすり合わせながら、右・左・右と足踏みをする。		

次に、扇を回しながら、先ほどと左右対称の動きで反対向きになって足踏みをする。

●ナンバもどり　　ダーンコ・ダンコン・ダーンコ・ダンコン
　　　　　　　　（よい・この・よい・この）

ダーンコ（扇を返して）　　　ダンコン　　　　　　ダーンコ　　　　　　ダンコン

「トンシャン」の最後に着いた右足にしっかりと乗って床を踏んだ後、ダーンコで右足を軸に伸び上がって「ナンバ」で左半身を後退させ、

両足で沈む。

左足を軸に反対側に切り返して戻る。扇と錫杖は手の動きに自然についていくが、右へ切り返す時に扇を返す。

●すさり　　スッダコ・ダコンコ・ダコンコ・ダン

スッダコ　　　　　　　ダコンコ　　　　　　ダコンコ　　　　　　ダン

「ナンバもどり」の終わりで腰を沈めた姿勢から、左足を軸につま先立ちになりながら右足をすり寄せ、体の前で扇の上で錫杖をすり上げる。

左足を軸足に体を沈めながら、右足をするように前に出し、錫杖をすり下ろす。この動きをしながら、左足を軸に時計回りに回る。

もう1度同じ動きを繰り返す。回る角度は、「すさり」が終わった時、相手と向かい合わせになるように調整する。

●えいやさ（納め）　　いやあ・さあ・さあ・さあ・いやあ・さあ・え

スッダコ　　　　ダンコン　　　　　いやあ　　　　　　さあ

「ねり」の後、「足だし」を1回やってから、左足を軸に伸び上がる。

右足を踏んだ上に乗って錫杖を持った手を前に出す。この時、扇を持った手は腰におさめる。

さあ　　　　　　　　さあ　　　　　　　いやあ

錫杖を下ろしながら戻って左足を着き、

左足に乗って右半身を後退させる。

右足に体重を乗せて沈みながら扇を前に落とす。

さあ　　　　　　　　え

左手・左足を同時に上げながら、扇を返して頭上に上げる。その時、錫杖を持った手は腰につける。

●終わりの礼　　（ダコダン）ダコンコ・ダコンコ・ダンダコンコ・ダン・ダコンコ・ダンダン・チッダコ・ダンダコ・ダン・ダンダン・コダン

（ダコダン：捨てバチ）	ダコンコ	ダコンコ	ダンダコンコ
そのままの姿勢で扇を軽く右に振って準備をする。	左足を踏み出しながら扇を持った親骨から動かすように左に振って「小手の扇」に決める。	右足を踏み出しながら、扇を返して親骨から右に振る。	扇をもう一度左へ振りながら左足を出し、

ダン	ダコンコ	ダンダン→チッダコ→ダンダコ・ダン→ダンダン・コダン
もう一度右に振りながら右足を出す。	右足に左足をそろえながらしゃがんで両ひざ立ちになる。	扇を左後ろに大きく振る（ここまで錫杖は右の腰におさめておくが、ここで右後ろに持っていく）。ダンダンで扇と錫杖を前で回しながら額の上に上げ、チッで決めてから、ダコダンダコダンで扇と錫杖をゆっくり前に下ろして床に置き、ダンダン・コダンで礼をする。

※この演目は、学校体育研究同志会大阪支部中河内ブロック研究会において、当日講師であった久保健氏（日本体育大学）による資料をもとに、再編集したものです。

ミルクムナリ

中・高学年

　沖縄の踊り「エイサー」は、祖先の霊を弔う踊りです。お盆に村中を踊りながら回る時のかけ声から「エイサー」と呼ばれるようになりました。村ごとにそれぞれのエイサーがあり、踊り方も違います。「ミルクムナリ」もエイサーの1つですが、厳密には創作エイサーであり、村々に伝わるエイサーと区別しなければという主張もあります。

　さて、「くとぅしみりくぬ、ゆがふどぅしさみ」で始まるミルクムナリ。「ミルク」とは神様の名前で、この呼び名は主に西表あたりの呼び名だそうです。この歌は豊作への感謝の気持ちを表しており、豊かな実りを村人みんなで分けることのできる幸せを歌ったものです。どの家にも十分なお米があれば、余ったお米でお酒を作り、それを飲んでみんなでお祝いすることに楽しさを見出しています。沖縄の人たちが大切にしていることは、みんなで喜び合い、幸せを分かち合うことではないでしょうか。

```
用意するもの●パーランクー　ばち
音楽CD『ミルクムナリ』(日出克)
運動会での服装●半そで　半パン　手づくりの衣装
```

※『琉球國祭り太鼓　エイサーページェント指導DVD3』(国際貿易)の教則DVDが発売されています。

「ミルクムナリ」は、小浜島(こはまじま)に古くから伝わる口説(くどぅち)を歌詞とし、日出克(ひでかつ)氏が作曲した歌です。その曲に「琉球國祭り太鼓(りゅうきゅうこくまつり)」が振りを付けたのがこの踊りです。伝統的なエイサーではなく、一瞬動きを止めてポーズ（間）をとるところを特徴とし、視覚的に見栄えがする新しい舞踏的要素が加えられた創作エイサーです。

小浜島口説　　作曲：日出克

【歌詞】

(本書では) 1番

今年(クトゥシ)ミリクヌ　豊穣年(ユガフドゥシ)サミ
ミリク加那志(ガナシ)ヌ　降(ウ)ルイミソーチ
五穀物種(クグクムヌダニ)　ウタビミセタサ
宿(ヤドゥ)ヌ宿数(ヤドゥカジ)　家庭(チネ)ヌ家庭数(チネカジ)
数(カジ)マタサンドーニッチャイ

今年も弥勒世果報で豊年万作の年である
弥勒の神様が天から舞い降り
五穀の物の種たずさえおみえになって
各戸、各戸の軒数分　各、家庭、家庭の人数分
家も人も増えたらその分も
収穫増やしてくれたとさ

今年稲(クトゥシイニ)ヌ生(ム)イタチ
スンチャーマンチャー万々万作(マンマンマンサク)
ニーディキドゥティ
アリガ御初(ウハチ)ヤ　コウテンガナシニ
カヘイ御拝(ウサギ)ティ　御拝(ウサギ)ティユ残(ヌク)イ
蔵(クラ)ニ積置(チンチ)キ　主屋(アサギ)ニ積置(チンチ)キチン
余(アマ)ソーティトゥ　我(ワ)シタ若者(ワカムヌ)
甘酒辛酒(アマザキカラザキ)タリドゥティ
飲(ヌ)デー遊(アシ)ブサ

今年の稲の育ち具合と申すなら
折り重なる程　相当実り
万、万、万作の出来ばえであったとさ
それを御所に盛って　神様にお供えして
お供えして残ったその残りの米を
倉庫に積み上げ、母屋に積み上げ
なに！　それでも余ったのか
ならばと言うわけで我ら若者衆
甘酒辛酒、たくさん作り
飲んで騒いで遊ぶということになったわけさ

(本書では) 2番

今年(クトゥシ)ミリクヌ　豊穣年(ユガフドゥシ)サミ
ミリク加那志(ガナシ)ヌ　降(ウ)ルイミソーチ
五穀物種(クグクムヌダニ)　ウタビミセタサ
宿(ヤドゥ)ヌ宿数(ヤドゥカジ)　家庭(チネ)ヌ家庭数(チネカジ)
数(カジ)マタサンドーニッチャイ

構成

前奏→１番→間奏→２番　　［曲の本来の構成は、前奏→１番→２番→間奏（前奏の応用）→３番（１番の応用）→後奏］

ミルクムナリの衣装のつくり方

※踊りの完成が近づいたら、すてきな衣装になるようていねいに作ろう!!

1 ワイシャツのえりとそでを切り落とす。
(縫い目を残すよう気をつけて)

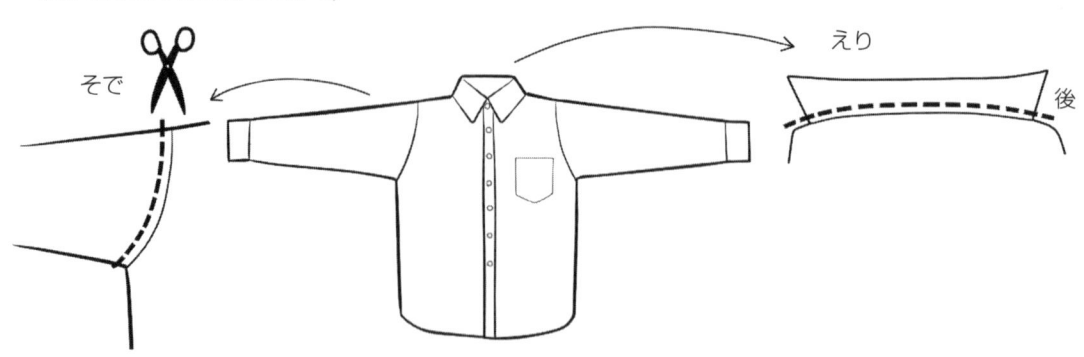

そで　　えり　　後

2 そでの上を下に平行になるように切る。→
そでは足あてになる。(身長に合わせてひざまでくるように長さを調節しよう)

ひざ　　足首

3 一番上のボタンと肩の線をむすんで内がわに折る。(両面テープかボンドでとめる)

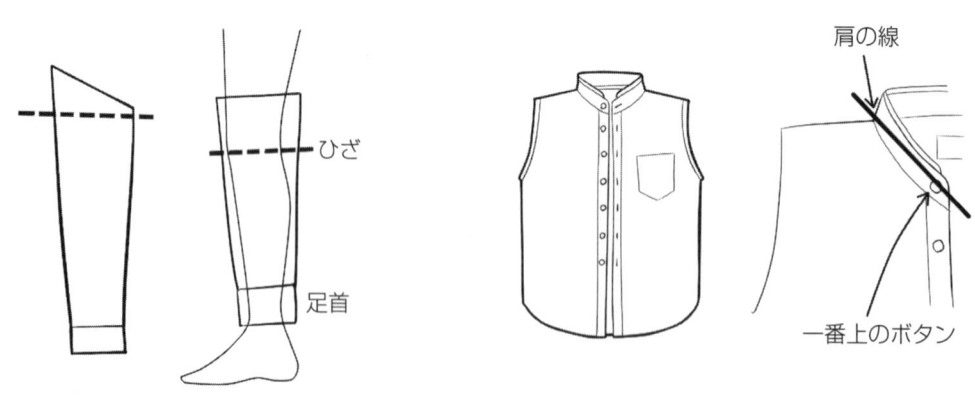

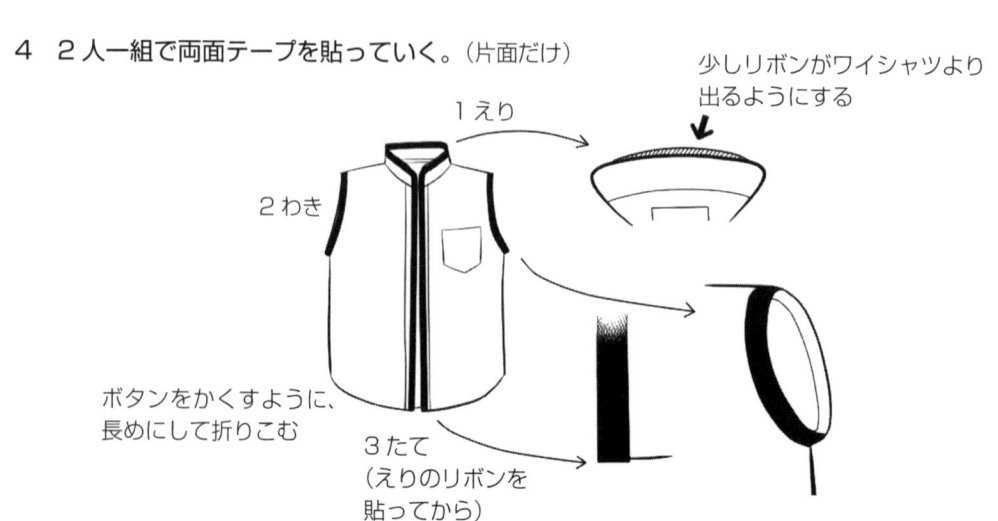

肩の線
一番上のボタン

4 2人一組で両面テープを貼っていく。(片面だけ)

少しリボンがワイシャツより出るようにする

1 えり
2 わき
3 たて
(えりのリボンを貼ってから)

ボタンをかくすように、長めにして折りこむ

5 両面テープの上にリボンを貼っていく。
（少しずつはがしてリボンをのせていく）
☆えりまわりを貼ってから、たて（ボタンの上）にリボンを貼ろう。

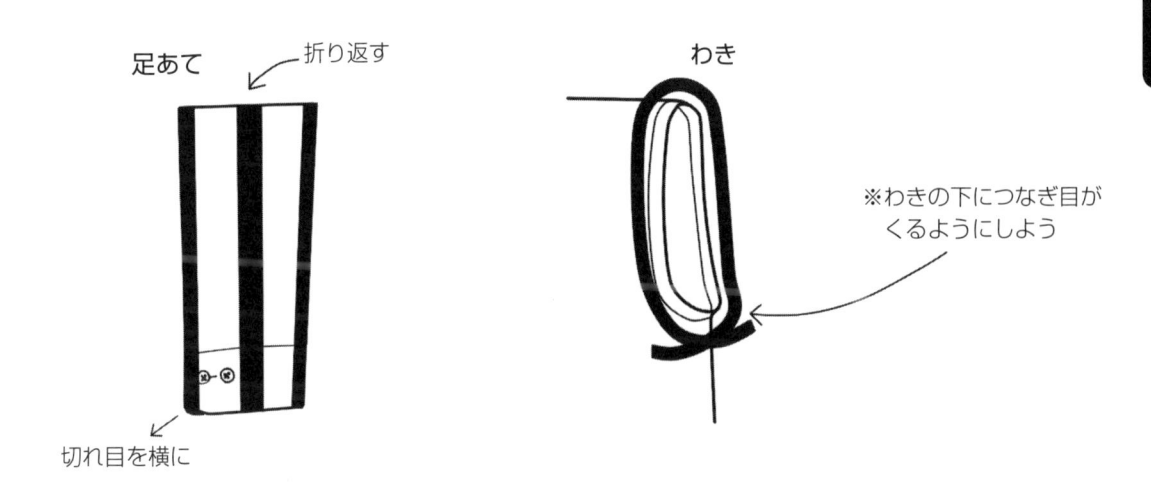

足あて　←折り返す

わき

※わきの下につなぎ目が
くるようにしよう

切れ目を横に

6 リボンがめくれやすいところは、5mmの両面テープでとめていく。

7 腰ひも、サージ（頭に巻く布）を切りとる。

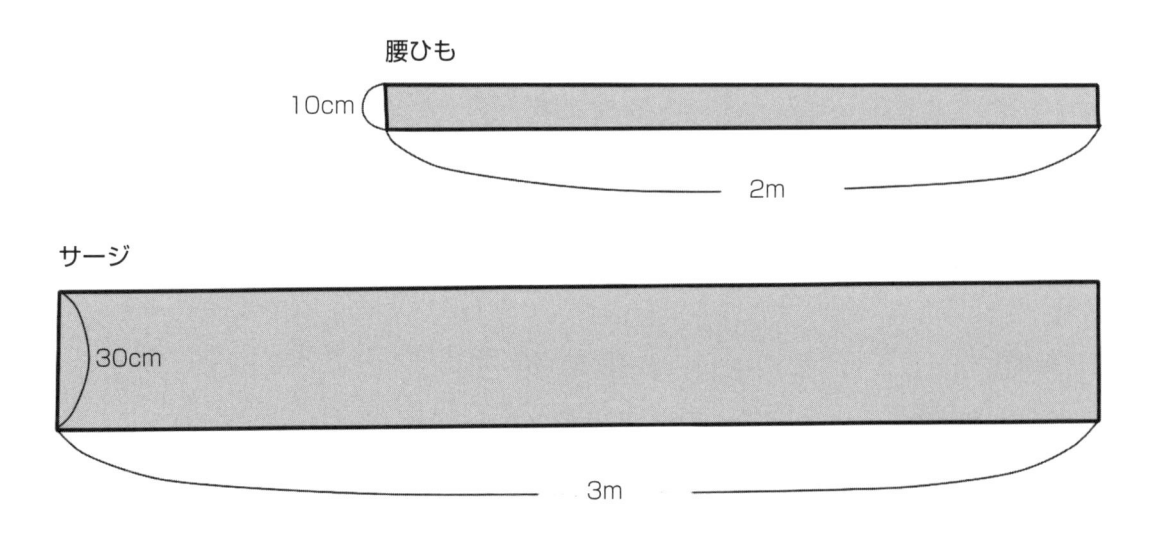

腰ひも
10cm
2m

サージ
30cm
3m

準備●
リボン…えり、わき用　60cm×3本　※両面テープ
　　　　たて　　　　　70cm×2本　※布切りばさみ
　　　　足あて用　　　55cm×8本

動き方

〈前奏〉
あいさつ（正面前向き）

【8呼間】

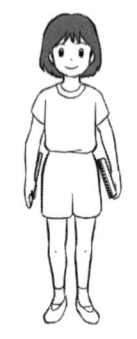

準備。右手にばち、左手にパーランクーを持って直立の姿勢で待つ。2回目の太鼓の音で、両手を鼻の高さで合掌する。

【8×2呼間】

ゆっくり深くおじぎをする。

【8＋4呼間】

ゆっくり元に戻す。

【4呼間】

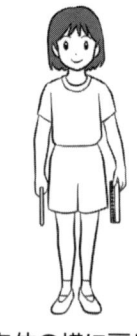

両腕を体の横に戻し、パーランクーを持ち直す。

【2呼間】

ばちとパーランクーを平行に、口の高さに持つ。左足を後ろに引く。

【2呼間】

ばちとパーランクーをそのままの形でL字を書くようにへその位置に引き下げる。同時に両ひざを曲げ、腰を落とす。（重心が右足から左足に移動）

回転（はじめに左向きになり、右向き、左向きと7回繰り返し回転する）

【1・2】　　　　　　　　【3・4】　　　　　　　　【5・6】

```
D        C
   
B    ↓    A
    正面
```

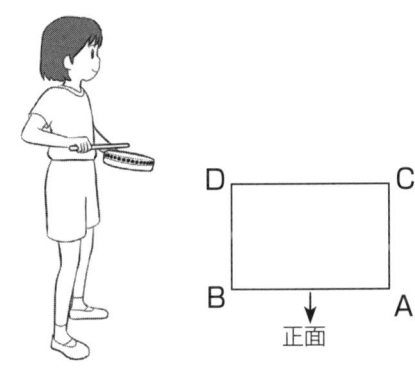

右足を左向きに踏みかえる（上図Aの位置。右向きの時はDの位置）。パーランクー（腰の位置）を2回たたく。

右足の後ろに左足を置く（B）。ばちを横にして右手を上に上げる（斜め上）。

右足を左足にクロスするように置く（C）。パーランクーを1回たたく。

【7・8】

正面図

反転する。3回目まで手はそのまま。4～7回目（ヒヤ　サッサのはやしの後）両手で頭上に円を作る。

右向きのとき

【2・2】　　　　【3・4】 　　　　【5・6】 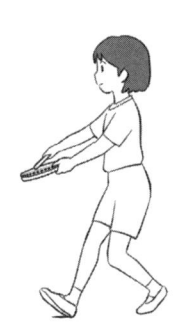　　　　【7・8】

〈1番〉
つなぎ1 （今年ミリクヌ　豊穣年サミ）

【1・2】

右向きで立っている所から、右足で後ろを向いて踏む【1】。左足を横にあげる【2】。パーランクーの縁をたたいて（カッ）後ろを指す。

【3・4】

左足を前向きにおろし【3】（体が前を向く）、右足をあげる【4】。パーランクーをくぐって、ばちを斜め上に伸ばす（上げる）。

【5・6】

右足を踏み【5】左足を上げる【6】。パーランクーをたたいてから前を指す。

【7・8】

左足を踏み【7】右足を上げる【8】。パーランクーをくぐってばちを斜め上に伸ばす（上げる）。

モチーフ（ちょうちょ）B　（モチーフの回転型①）

前向き　（ミリク加那志ヌ　降ルイミソーチ）

【1・2】

右足を踏み【1】左足を横に上げる【2】。パーランクーは腰の位置で面を上にして持ち、2回たたく。

【3・4】

ひじを左右に広げる

左足を踏み【3】右足を横に上げる【4】。パーランクーは左肩の上、ばちは右肩の上（耳の高さ）に、ひじを曲げてかつぐようにする。

【5・6】

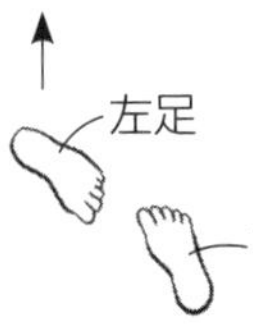

正面↑　左足　右足

右足を後ろに踏み【5】左足を前に上げる【6】。左手はひじを曲げたまま胸の前に、右手はひじを伸ばしながら胸の前に持ってくる。

【7・8】

左足を前に、後ろ向きで踏み【7】、右足を横に上げる【8】。パーランクーを前に倒しながら、元の腰の位置に戻す。ばち先でパーランクーを縫うようにしてばちを上に伸ばす。（後ろ向きになった）

ミルクムナリ

モチーフ（ちょうちょ）A　（モチーフの原型）

後ろ向き　　（五穀物種　ウタビミセタサ　宿ヌ宿数　家庭ヌ家庭数）

【1・2】

前向き【1・2】と同じ。

【3・4】

前向き【3・4】と同じ。

【5・6】

前向き【5・6】と同じ。

【7・8】

左足を踏み【7】右足を横に上げる【8】。前向き【7・8】と同じくパーランクーを腰の位置に戻し、ばちを上に伸ばす。

モチーフ（ちょうちょ）C　（モチーフの回転型②）

【1～6】を繰り返す。

【7・8】

手はクロス

左足を前に、後ろ向きで踏み【7】、右足をあげて回る【8】。パーランクーとばちを胸に抱え込む。（前向きにもどった）

ポーズ

前向き　　（数マタサンドーニッチャイ）

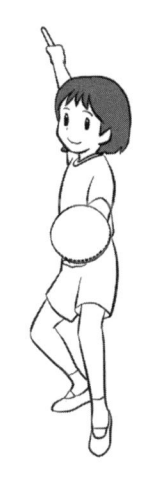

【1・2】

右足を引いて体重を乗せる。パーランクーの面を前にして斜め下前に伸ばす。右手は後ろ斜め上に上げる（ポーズ）。

【3・4】

左足で踏む【3】（ねこ足の動き）。1回たたく。

【5・6】
左足で踏む【5】。1回たたく。

【7・8】
左足で踏む【7】。2回たたく。

かまえ：シーサーポーズ

前向き

【1・2】
左足を左に開いて立つ（肩幅）。両手を横に広げながら腰を落とす。

【3・4】
左手はひじを曲げたまま胸の前に、右手はひじを伸ばしながら胸の前に。

【5～8】
そのまま。

モチーフ（ちょうちょ）D

モチーフAを右に向きを変えて

【1・2】

【3・4】

左足を右足斜め前に踏む【1】。右足を横に上げる【2】。パーランクーを前に倒しながら、元の腰の位置に戻す。ばち先でパーランクーを縫うようにして上に伸ばす。
（モチーフの原型を右向きで）

右足を踏み【3】左足を横に上げる【4】。パーランクーの面を上にして持ち、2回たたく。

【5・6】

【7・8】

左足を踏み【5】右足を横に上げる【6】。パーランクーは左肩の上、ばちは右肩の上（耳の高さ）に。

右足を後ろに踏み【7】左足を前に上げる【8】。左手はひじを曲げたまま胸の前に、右手はひじを伸ばしながら胸の前に。

（繰り返し）

【1・2】

上がっている左足をとんと踏む(ねこ足ポーズをとる)。手はそのまま。

【3・4】

左足を前へ、後ろ向きで踏み【3】右足を横に上げる【4】。パーランクーを前に倒しながら、元の腰の位置に戻す。ばち先でパーランクーを縫うようにして上に伸ばす。(左向きになった)

【5・6】

右足を踏み【5】左足を横に上げる【6】。パーランクーの面を上にして持ち、2回たたく。

【7・8】

左足を踏み【7】右足を横に上げる【8】。パーランクーは左肩の上、バチは右肩の上(耳の高さ)に。

(※)

ダダン・ダダン

【1・2】

右足をおろして腰を落とす。2回たたく。

【3・4】

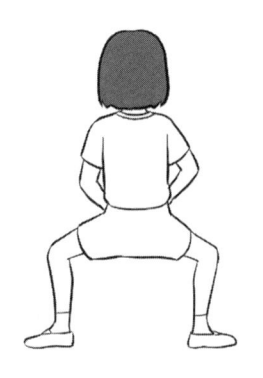

左足を軸に半回転。腰は落としたまま。2回たたく。(右向きになった)

つなぎ2　（今年稲ヌ生イタチ）

【1・2】

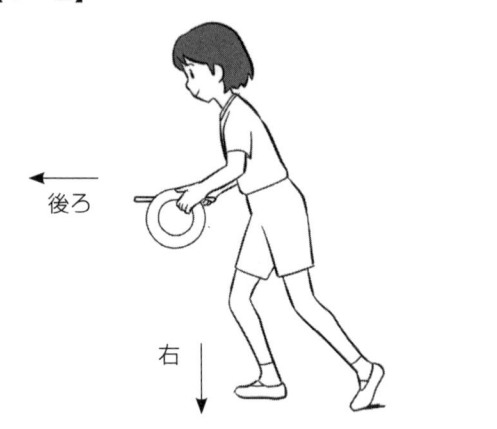

右向きで立っている所から、右足で後ろを向いて踏む【1】。左足は横に上げる【2】。パーランクーの縁をたたいて（カッ）後ろを指す。

【3・4】

左足を右向きにおろし【3】右足を上げる【4】。パーランクーをくぐってばちを斜め上に伸ばす（上げる）。

【5・6】

右足を踏み【5】左足を上げる【6】。1回たたいて前を指す（伸ばす）。

【7・8】

左足を踏み【7】右足を上げる【8】。パーランクーをくぐってばちを斜め上に伸ばす（上げる）。

モチーフ（ちょうちょ）ABの組合せ
（スンチャー～遊ブサ）

右向きで　　モチーフA
左向きで　　モチーフAB（Bの【7・8】は90度向きを変えて前を向く）
前向きで　　モチーフAB
後ろ向きで　モチーフAB　　と踊る。
後ろから前に回転して（【7・8】　パーランクーを腰の位置に、ばちを斜め上に伸ばす）、両足をそろえて2回たたく。

〈間奏〉
回転
はじめに左向きになり、右向き、左向きと7回繰り返し回転する。

【1・2】

右足を左向きに踏みかえる。2回たたく。

【3・4】

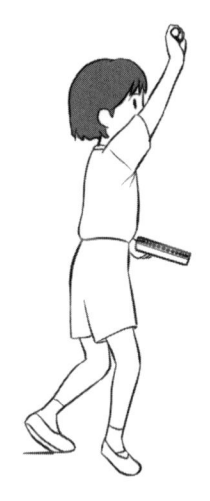

右足の後ろに左足を置く。右手を上に伸ばし、ばちを横にして上げる（自分の斜め上）。

【5・6】

右足を左足にクロスするように置く。
1回たたく。

【7・8】

正面図

反転する。両手で頭上に円を作る。
（右向きになった）

ミルクムナリ

〈2番〉1番と同じ【モチーフD（※）まで同じ】
つづけてモチーフ（ちょうちょ）E

【1・2】

右足を後ろに踏み、左足を前に上げる。両手を伸ばしたまま前に出す。

【3・4】

左足を踏み、右足を上げる。パーランクーは左肩の上、バチは右肩の上（耳の高さ）に。

【5・6】

右足を踏み、左足を前に上げる。両手を伸ばしたまま前に出す。

【7・8】

左足を前へ、後ろ向きで踏み【7】右足を上げて回る【8】。パーランクーとばちを胸に抱え込む。（前向きにもどった）

ポーズ
前向き　（数マタサンドーニッチャイ）　1番のポーズと同じ。

【1・2】　【3・4】

【5・6】　【7・8】
左足で踏む【5】。1回たたく。　左足で踏む【7】。2回たたく。

かまえ：シーサーポーズ
前向き　1番のポーズと同じ。

【1・2】
左足を左側へ肩幅に開いて立つ。両手を横に広げながら腰を落とす。
【3・4】
左手はひじを曲げたまま胸の前に、右手はひじを伸ばしながら胸の前に。
【5～8】
そのまま。

つなぎ3
【1・2】　【3・4】

右足を踏み【1】左足を上げる【2】。1回たたいて前を指す（伸ばす）。

左足を踏み【3】右足を上げる【4】。パーランクーをくぐってばちをまっすぐ上に伸ばす（上げる）。

モチーフ（ちょうちょ）ABの組合せ

前向きで　　モチーフB
後ろ向きで　モチーフAB
前向きで　　モチーフAを2回半踊る。

かまえ：シーサーポーズ

かまえの形で終わる。

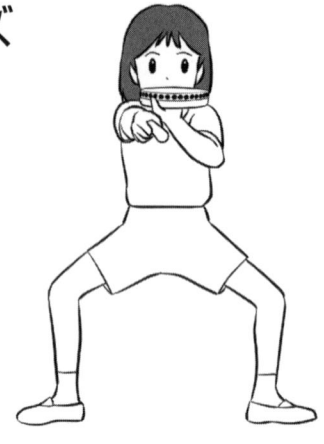

練習のしかた

1　前奏：間奏
2　モチーフ
　・モチーフは2回続けてするのが基本のパターンなので、まず方向転換をしないで
　　モチーフAの練習をする。
　・動きが理解できたら、方向転換の練習をする。
　・「つなぎ」がある時はそれも1回と数える。1番の最初は「つなぎ」
　　「前向きのモチーフB」方向転換「後ろ向きのモチーフAB」方向転換となる。
　　その練習をする。
3　ポーズとかまえ：シーサーポーズの練習。
4　モチーフDの練習。
5　1番を通して練習。
6　2番の練習。

※この順番で練習をすると分かりやすい。もちろん、できるところまでの、通し練習を途中で何度
　も入れて練習するのがよい。

「エイサーをおどろう！」 ※あくまでも一例です。参考にして下さい。

（1）授業の進め方

　運動会の本番に向けて「ミルクムナリ」を子どもたちに教えていくわけですが、教師が大声を張り上げながら踊り方を一方的に教え込むような授業は避けたいものです。ふだんの体育授業と同じように、子ども同士で踊りを観察し合い、子どもが自ら課題を持って踊りを完成させていくような授業を仕組んでいくことが大切だと考えます。

（2）ペア（トリオ）で学習

　2人組か3人組になって、お互いに踊りを観察し合います。ペア（トリオ）固定します。次は何の踊りなのか声かけをしたり、技術的なアドバイスをしたり、お互いの踊りがどのように変わっていくのかをしっかり観察させます。（ずっと踊り続けるのはしんどいので、ペアの一方が踊る時は一方は休んで「声かけ」や観察というふうにします。）

（3）構成〈一例〉

　入場曲に「獅子 GONGGONG」の一部、隊形に並んでから「ミルクムナリ」を踊るという構成にしました。

（4）計画（全15時間プラン）1コマ2時間の計画

　※子どもの習熟状況によって変えて下さい。

時数	学習内容	
1・2	「ミルクムナリ」を聴く。 基本の動きの練習（あいさつ　回転　ちょうちょ〈モチーフA〉）	踊りを覚える
3・4	踊り前半の学習（あいさつ～ちょうちょ3）※前時の復習は必ず入れる	
5・6	踊り後半の学習（回転～かまえまで）　※前時の復習は必ず入れる	
7・8	全体を通しておどる。中間発表会　全体を通しておどる。（ビデオ撮り） ※前時の復習は必ず入れる	
9・10	踊りの鑑賞（前時の踊りを観て自分たちの演技の課題を見つける） 入場曲「獅子 GONGGONG」の練習	
11・12	全体を通して「獅子 GONGGONG ～ミルクムナリ」 ※前時の復習は必ず入れる	
13・14	全体を通して踊りの完成	踊りの完成
	本発表（運動会で）	
15	まとめ（教室）	

音楽CD　『ミルクムナリ』シングルCD（日出克）
　　　　『神秘なる夜明け』（日出克）より「ミルクムナリ」「獅子 GONGGONG」

ミルクムナリ　　　(　　　年　名前　　　　　　　　)

あいさつ	回転	
正面（前向き） あいさつ あげる たいこを持ち直す たいこばちを 平行に左足後	左向きになって 　1　2　3　4 足) 右→左→右→まわる 　トントン　　トン 　　③　①〈元の位置〉 　　　②	1　2　3　4 足) 右→左→右→まわる 　トントン　　トン 反転と同時に両手で 円を作る
体の向き 歌詞　⇧	⇦ ⇨ ⇦ ⇨　　イヤササ	⇦ ⇨ ⇦ ⇨

（「ちょうちょ」とはモチーフのこと。子どもに動きがイメージできるように名づけた）

つなぎ1（後ろ→前）	ちょうちょ1（モチーフABC）
（バチ） 後→上→前→上 カッ　　トン （縁をたたく） （足） 右→左→右→左	（手とたいこの動き） 　　　　　　　　　　　　　　　　　　　2回 トントン→開いて→前→上　　同じ　→　同じ （足） 右→左→右→左　　　右→左→右→左　　　右→左→右→左
⇨ ⇧ ⇧ ⇧ 今年ミリクヌ　豊穣年サミ	前　　　　　　　　　　　後 1回 ⇧　　　　　　　　　2回 ⇩ ミリク加那志ヌ　降ルイミソーチ　五穀物種ウタビミセタサ　宿ヌ宿数家庭ヌ家庭数

ポーズ	かまえ：シーサーポーズ	ちょうちょ2（モチーフD）
前向き 　右足を引く 　ポーズ トン・トン・トントン 　左足を3回ふむ		右向き ちょうちょ2回→足ぶみ→左向きちょうちょ1回 （手とたいこの動き） トントン→開いて→前→上　　同じ （足） 右→左→右→左 2回目は　　　　　　　　半転 右→左→右→左→左
⬇ ⇧ 数マタサンドーニッチャイ 　ポーズ	⇧	⇨　　　　　　　　⇦

ミルクムナリ

ダダン・ダダン		つなぎ2	ちょうちょ3（モチーフABの組合せ）				
		(バチ) 後→上→右→上 つき　つき カッ　トン (縁をたたく)	右　→　左　→　前　→　後　→　前 　半転　90°回転　　半転　　半転 　2回　　2回　　　　2回 　　　　　　　　　　両足そろえて 　　　　　　　　　　トントン				
半転		(足) 右→左→右→左	1	2	2	2	
⇐	⇒	⇒	⇒	⇐	⇑	⇓	⇑
左	右	今年稲ヌ生イタチ	スンチャー マンチャー 万々万作	ニーディキ ドゥティ アリガ御初ヤ コウテンガナシニ カヘイ御拝ティ	御拝ティユ残イ 蔵ニ積置キ 主屋ニ積置キチン 余ソーティトゥ	我シタ若者 甘酒辛酒タリ ドゥティ 飲デー遊ブサ	

回転				つなぎ1 （後→前）	ちょうちょ1	ポーズ	かまえ	ちょうちょ2＋ モチーフE
足)	1	2	3	4	同じ	前→後ろ 2回			右向き2回 ↓ 足ぶみ ↓ 左向き1回 ↓ ちょうちょ 90°回転
	右 → 左 → 右 → 半転 　トントン　　　　トン 反転と同時に両手で円を作る 7回くり返し								
⇐⇒⇐⇒⇐⇒⇐⇒				⇒⇑⇑⇑	⇑　⇓	⇑	⇑	⇒　⇐
イヤササ								

ポーズ	かまえ	つなぎ3	ちょうちょ4 （モチーフABの組合せ）	かまえ
		前つき	前　→　後ろ　→　前 　　　半転 　1回　　2回　　2回	
⇑	⇑	⇑	⇑　⇓	⇑

「エイサーをおどろう」 「エイサー　その①」

年　組（　　　　　　　　　　　）
ペア（　　　　　　　　　　　）

> **今日の学習**
> ○沖縄のおどり「エイサー」を知ろう。　○「ミルクムナリ」の中心になるおどりをおぼえよう。
> 　・あいさつ　・回転　・ちょうちょ（モチーフA）
> ○ペアの友達のおどりをしっかり観察しよう。

1. 今日のおどり

☆初めてのおどりですが、いくつかの中心になる2つの動きをおぼえると、
　さいごまでかんたんにおどることができるようになります。

《あいさつ》左手にパーランク（たいこ）、右手にバチ

呼間	12345678 12345678	12345678 12345678	123456782234 5678	1234
動き	8呼間聞く 胸の前で三角を作る	ゆっくりふかく おじぎ	ゆっくり元にもどすバチの持 ちかえ	太鼓を上→下 左足をひく

《回転》

呼間	1・2	3・4	5・6	7・8
手	太鼓を2回たたく	右手をあげる	太鼓を1回たたく	たいこにそえる
足	右足をふむ	左足をふむ	左足を右足の後ろ	回転して後ろ向き
声かけ	トントン　→	（手を）上　→	トン　→	回転

※「イヤササ」のかけ声で2回目は輪をつくる

《ちょうちょ（モチーフA）》

呼間	1・2	3・4	5・6	7・8
手	太鼓を2回たたく	両手をひらく	右手を前につき出す	右手を上につき出す
足	右足をふむ	左足をふむ	右足を1歩後ろ	左足をふむ
声かけ	トントン　→	（両手を）開いて　→	（バチ）前　→	（バチを）上

2. できぐあい

↓ペアの人がチェックする。
●ペアの（　　　　　　　　　　）のおどりは？（○△×をつけよう。）

①あいさつ　（　）	ゆっくりふかくおじぎをする。
②回転　　　（　）	右足・左足・右足・回る　※「イヤササ」のかけ声で輪をつくる
③ちょうちょ1（　）	向きをまちがわない

◎初めておどった感想を書きましょう。

（●はペアの人に書いてもらう→◎本人が書く→先生に提出）

「エイサーをおどろう」 「エイサー その②」

年 組（　　　　　　　　）
ペア（　　　　　　　　）

ミルクムナリ

> **今日の学習**
> ○「ミルクムナリ」前半をおぼえよう。（前奏と１番）
> ・あいさつ　・回転　・つなぎ１・２　・ちょうちょ１・２・３　・ポーズ　・ダダンダダン
> ○ペアの友達のおどりをしっかり観察しよう。

1. 今日のおどり
☆おどりの向きに注意しておどりましょう。（ペアの人が向きを言ってあげましょう。）
☆順番は　①あいさつ→②回転→③つなぎ１→④ちょうちょ１→⑤ポーズ→⑥かまえ
　　　　→⑦ちょうちょ２→⑧ダダンダダン→⑨つなぎ２→⑩ちょうちょ３

2. できぐあい
　　　　　　　　　　　　　　　　　　　　　　↓ペアの人がチェックする。
●ペアの（　　　　　　　　　）のおどりは？（○△×をつけよう。）

①あいさつ　　（　　）	ゆっくりおじぎをする。	
②回転　　　　（　　）	右足・左足・右足・回る。	※「イヤササ」のかけ声で輪をつくる
③つなぎ１　　（　　）	向きをまちがわない。	
④ちょうちょ１（　　）	トントン・ひらいて・前・上	
⑤ポーズ　　　（　　）	左足を３回あげる。	※「カジマタサンドー」のかけ声でポーズ
⑥かまえ　　　（　　）	こしをしっかり落として!!　内またにならない。	
⑦ちょうちょ２（　　）	④と同じだけど、と中に足ぶみが入る。	
⑧ダダンダダン（　　）	しっかりこしをおとす。	
⑨つなぎ２　　（　　）	向きをまちがわない。	
⑩ちょうちょ３（　　）	トントン・ひらいて・前・上　向きをまちがわない。	

●ペアの（　　　　　　　　）へ

◎今日の感想

（●はペアの人に書いてもらう→◎本人が書く→先生に提出）

「エイサーをおどろう」 「エイサー　その③」

年　組（　　　　　　　　　）

ペア（　　　　　　　　　）

今日の学習

○「ミルクムナリ」後半をおぼえる。（間奏と２番）
・つなぎ１・３　・ちょうちょ１・２・４　・回転
○次の踊りは何かを考えて踊れるようにする。
○ペアの友達の踊りを観察する。

1. 今日のおどり

☆後半は前半のおどりのくり返しです。（回転→つなぎ１→ちょうちょ１→ポーズ→かまえ）
☆後半の順番は　①回転→②つなぎ１→③ちょうちょ１→④ポーズ→⑤かまえ→⑥ちょうちょ２
→⑦ポーズ→⑧かまえ→⑨つなぎ３→⑩ちょうちょ４→⑪かまえ
最後のポーズ

2. できぐあい

↓ペアの人がチェックする。

●ペアの（　　　　　　　　　）のおどりは？（○△×をつけよう。）

後半から	
①回転　　　　　（　）	右足・左足・右足・回る→足の動きが正確にできている。
②つなぎ１　　　（　）	向きをまちがわずにできる。
③ちょうちょ１　（　）	トントン・開いて・下がって・上が正確にできる。
④ポーズ　　　　（　）	「カジマタサンドー」のかけ声でポーズがしっかりできている。
⑤かまえ　　　　（　）	こしをしっかり落としている。
⑥ちょうちょ２　（　） 　＋モチーフＥ	ちょうちょをわすれない。
⑦かまえ　　　　（　）	最後のポーズはゆっくり右手を前にもってくる。

●ペアの（　　　　　　　　）へ

◎今日の感想

（●はペアの人に書いてもらう→◎本人が書く→先生に提出）

「エイサーをおどろう」 「エイサー その④」

年 組（　　　　　　　　）
ペア（　　　　　　　　）

ミルクムナリ

> **今日の学習**
> ○「ミルクムナリ」
> ・まちがわずにおどれるようにしよう。（次のおどりは何かを考えながらおどろう）
> ・できていないところを発見しよう。
> ・ペアの友達のおどりを観察しよう。
> 　自分ではどのようにおどっているのかわからないので、アドバイスしてあげよう。

☆「ミルクムナリ」を通しての練習です。
　どうしてもできていない所、リズムが合わない所はありませんか？

《前半》　※できたところをペアの人が○でかこみます。

①あいさつ→②回転→③つなぎ1→④ちょうちょ1→⑤ポーズ→⑥かまえ→⑦ちょうちょ2→
⑧ダダンダダン→⑨つなぎ2→⑩ちょうちょ3
●前半のできていないところは？
（　　　　　　　　　　　　　　　　　　　　　　　　　　　　　　　　　　　　）

《後半》　※できたところをペアの人が○でかこみます。

①回転→②つなぎ1→③ちょうちょ1→④ポーズ→⑤かまえ→⑥ちょうちょ2＋モチーフE→
⑦ポーズ→⑧かまえ→⑨つなぎ3→⑩ちょうちょ4→⑪かまえ
●後半のできていないところは？
（　　　　　　　　　　　　　　　　　　　　　　　　　　　　　　　　　　　　）

●ペアの（　　　　　　　）へ

◎今日の感想

（●はペアの人に書いてもらう→◎本人が書く→先生に提出）

「エイサーをおどろう」 「エイサー その⑤」

年 組（　　　　　　　　　）
ペア（　　　　　　　　　）

今日の学習
○「ミルクムナリ」→授業の始めにビデオを見ます。
（前の時間にとったもの・大人のおどり）
・一つ一つの踊りに「メリハリ」をつけよう。
○「獅子 GONGGONG」
・初めてのおどりなので、順番をおぼえよう。

1.「ミルクムナリ」☆通しての練習です。
　　どうしてもできていない所、リズムが合わない所はありませんか？

●前半のできていないところは？
（　　　　　　　　　　　　　　　　　　　　　　　　　　　）
●後半のできていないところは？
（　　　　　　　　　　　　　　　　　　　　　　　　　　　）

〈沖縄の人のおどる「ミルクムナリ」を見て感じたことを書きましょう。〉

2.「獅子 GONGGONG」をおどろう
①はじまりのたいこ
②ハイヤイヤササ

	1 2 3 4	5 6 7 8	1 2 3 4	5 6 7 8
	ハッハハイヤ	ハッハハッハ	ハッハハイヤ	ハイヤイヤササ
足→	左右左右	左右左右	左右左右	左右左右
たいこ→	○		○	○　○　○

⇧　⇨　　　　　　　⇧　⇨
　　右を向いて　　　　　　　　1回転する
　　太鼓を1回たたく

●ペアの（　　　　　　）へ

◎今日の感想

（●はペアの人に書いてもらう→◎本人が書く→先生に提出）

「エイサーをおどろう」 「エイサー その⑥」

年　組（　　　　　　　　　）
ペア（　　　　　　　　　）

> **今日の学習**
> ○「獅子 GONGGONG」
> ・順番や回転の向きをまちがえずにおどろう。
> ○「ミルクムナリ」
> ・細かい動きに気をくばっておどろう。
> ・自分ではどのようにおどっているのかわからないので、アドバイスしてあげよう。

1. 「獅子 GONGGONG」～「ミルクムナリ」を通しておどる。

「獅子 GONGGONG」
○順番をまちがえずにおどろう。（移動隊形にならびます）
● 「ミルクムナリ」チェック（○△×）〈ペアの人に書いてもらおう〉
（　　）回転：曲に合わせて回転ができている。
（　　）ちょうちょ：太鼓の位置を下げないでおどれている。
（　　）ダダン：しっかりこしを落とせている。
（　　）かまえ：しっかりこしを落とせている。

2. 「獅子 GONGGONG」をおどろう
①はじまりたいこ→移動→②ハイヤイヤササ→移動→
③ハイヤイヤササ→ミルクムナリの隊形へ移動
☆どの場所へ動くのかしっかりおぼえよう!!

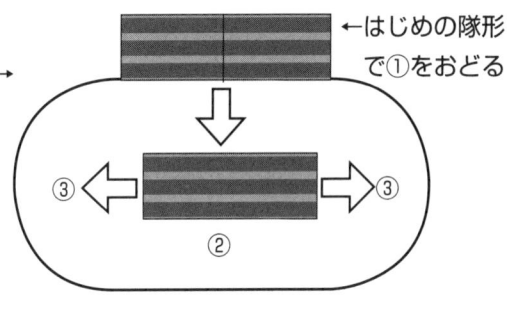

←はじめの隊形で①をおどる

●ペアの（　　　　　　　　）へ

◎今日の感想

（●はペアの人に書いてもらう→◎本人が書く→先生に提出）

「エイサーをおどろう」 「エイサー その⑦」

年　組（　　　　　　　　）
ペア（　　　　　　　　　）

今日の学習

〈完成に向けて〉
○「獅子GONGGONG」〜「ミルクムナリ」
・細かい動きに気を配って踊ろう。
・自分ではどのようにおどっているのかわからないので、アドバイスしてあげよう。

1.「獅子GONGGONG」〜「ミルクムナリ」を通しておどる。
☆注意しておどるところ（気をつけておどる）はどこですか？
「獅子GONGGONG」
（　　　　　　　　　　　　　　　　　　　　　　　　　　　　　　　）

「ミルクムナリ」
（　　　　　　　　　　　　　　　　　　　　　　　　　　　　　　　）

2. 運動会本番に向けて
・あなたが踊りで見てほしいところ（見せ場）はどの部分ですか？

●ペアの（　　　　　　　）へ

◎今日の感想

（●はペアの人に書いてもらう→◎本人が書く→先生に提出）

「エイサーをおどろう」　「エイサー　その⑧」

　　　　　　　　　　　　　　　　年　組（　　　　　　　　　）
　　　　　　　　　　　　　　　　ペア（　　　　　　　　　　）

●ペアの（　　　　　　）へ

◎「エイサー」の学習を終えた感想を書きましょう。

（●はペア・トリオの人が書く→わたす→◎は本人が書いて→先生に提出）

ミルクムナリ

安里屋ユンタ
低・中学年

　「ユンタ」とは沖縄県八重山地方の古民謡の1つ。「安里屋ユンタ」はもともと八重山地方の竹富島に伝わる古謡で、共同作業の場で男女が掛け合いで歌う仕事歌です。

　内容は、琉球王国時代に竹富島に実在した美女・安里屋クヤマ（1722-1799）と、王府から八重山に派遣されクヤマに一目惚れした下級役人（目差主）とのやりとりを、面白おかしく描いたもの。18世紀、八重山では庶民に過酷な人頭税が課せられていて、庶民が役人に逆らうことは通常では考えられませんでした。そのような時代に下級役人の求婚を断ったクヤマの気丈さは、島の男を夫にしたという反骨精神の象徴として八重山の庶民の間で語り継がれ、19世紀初頭までに安里屋ユンタになったと言われています。歌詞の中の「マタハーリヌ　チンダラカヌシャマヨ」は、八重山方言の古語で「また逢いましょう、美しい人よ」の意味とされています。

　1934年、竹富島の民謡をもとに、星克（作詞）・宮良長包（編曲）による改作が発表され、全国的なヒットとなりました。これを機に安里屋ユンタの名は日本全国に広まることになったのです。現在では、伝統的な安里屋ユンタに対し、この改作を「新安里屋ユンタ」と呼んで区別することが多くなっています。本書ではこの「新安里屋ユンタ」を取り上げています。

用意するもの●パーランクー　ばち　音楽CD『安里屋ユンタ』
運動会での服装●半そで　半パン

全体の構成

(1) 構え
(2) 前奏・間奏・後奏
(3) 右→左を繰り返す
(4) 回転
(5) 回る
(6) 右→左、前→後ろ、後ろ→前
　　(2)～(6)を5番まで繰り返す

※運動会では、「安里屋ユンタ」と次の「唐船ドーイ」(p123)を連続して演じることが多いです。運動会での隊形移動について、2つをまとめてp129に掲載してありますのでご参照ください。

全体的な指導のポイント

● がに股でひざをしっかりと上げて踊りたい。
● 足首もしっかりと曲げる。
● ばちは頭の上まで上げ、頭の周りを回すようにしてたたく。

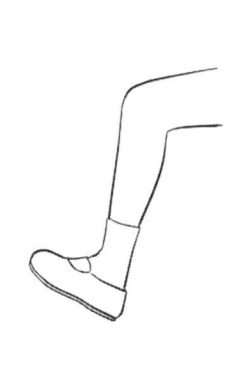

【歌詞】　作詞：星克　沖縄県民謡

1番　サー　君は野なかの　いばらの花か　サーユイユイ
　　　暮れて帰れば　ヤレホンニ　引き止める
　　　マタハーリヌ　チンダラ　カヌシャマヨ

2番　サー　嬉し恥ずかし　浮き名を立てて　サーユイユイ
　　　主（ぬし）は白百合　ヤレホンニ　ままならぬ
　　　マタハーリヌ　チンダラ　カヌシャマヨ

3番　サー　田草（たぐさ）取るなら　十六夜月夜（いざよいつきよ）　サーユイユイ
　　　二人で気兼ねも　ヤレホンニ　水入らず
　　　マタハーリヌ　チンダラ　カヌシャマヨ

4番　サー　染めてあげましょ　紺地（こんじ）の小袖（こそで）　サーユイユイ
　　　掛けておくれよ　情けのたすき
　　　マタハーリヌ　チンダラ　カヌシャマヨ

5番　サー　沖縄よいとこ　一度はおいで　サーユイユイ
　　　春夏秋冬（はるなつあきふゆ）　みどりの島よ
　　　マタハーリヌ　チンダラ　カヌシャマヨ

※5番は、太平洋戦争後、沖縄の観光化にともない付け加えられた作者不詳の歌詞と言われています。

動き方

（1）構え

・正対して立つ。
・左手にパーランクー、右手にばちを持つ。
・右手をまっすぐ上に伸ばす。

（2）前奏・間奏・後奏

・右足から足踏みを始める。
・リズムに合わせパーランクーを腰の高さでたたく。

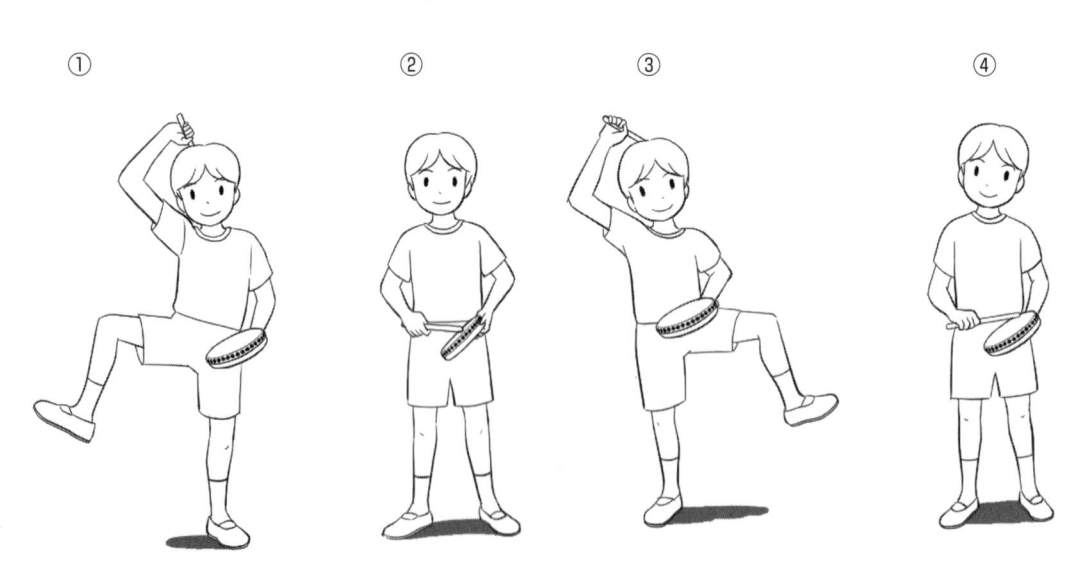

① ② ③ ④

指導のポイント

●外股で足踏みをする。
●ひざを上に上げるのではなく、斜め前にひざやかかとをけり上げる。
●足首をしっかりと曲げる。

（3）右→左を繰り返す　（サー　君は野なかの　いばらの）

① サー

右に踏み込み、両手を肩の高さまで上げる。

② きぃみ

右足を左に踏み込み、タンタンと2回、肩の高さでたたく。

③ は

左から右にもどす時に下で1回たたく。

④ 野なかの

①と同じ

⑤ いばら

②と同じ

⑥ の

③と同じ

指導のポイント

- 視線はばちを見る。
- パーランクーもばちも肩の高さでぴたっと止める。

(4) 回転　　（花か　サーユイユイ）

・左足を軸に一気に後ろを向き、左回りで1回転する。
・回り終わったら腰の位置で2回たたく。

① はー

② な

③ あ

④ かー

⑤ サーユイユイ

指導のポイント

●左、右、左、右の足の運びがポイント。1拍目の初めの左足で後ろを向き、2拍目の次の右足ではもう前を向いてしまう。「サーユイユイ」は前を向いて足踏み。
●ばちはまっすぐに頭の上へ伸ばす。

(5) 回る　　（暮れて帰れば　ヤレホンニ　引き止める）

・8呼間で回る。
・リズムに合わせてパーランクーをたたく。

① 暮れて　　② 帰 　　③ れば

④ ヤレ 　　⑤ ホンニ 　　⑥ 引き 　　⑦ 止め　⑧ る

指導のポイント

●踏み出す時は右足と左足が交差するように踏み込んでいく。

(6) 右→左、前→後ろ、後ろ→前　（マタハーリヌ　チンダラ　カヌシャマヨ）

●右→左

① マタハー

右に踏み込み、両手を肩の高さまで上げる。

② リヌ

右足を左に踏み込み、タンタンと２回、肩の高さでたたく。

●前→後ろ

③ チン

両手を頭の上に上げる。回しながら前に。

④ ダラ

下で１回たたいた後、前に両手を上げる。

⑤ カヌシャマ

肩の高さで２回たたく。

●後ろ→前

⑥ ヨー

右を向き、両手を上に上げる。回しながら後ろへ。

⑦

下で１回たたいた後、後ろへ両手を上げる。

⑧

前を向き、間奏につなげる。

唐船ドーイ
低・中学年

　琉球民謡のカチャーシー（三線の速弾き）の代表曲で、「唐船ドーイ」は直訳すると「中国船だぞーい」という意味です。数年に1～2度、中国から那覇に進貢船が入港する時の庶民の高鳴る気持ちを三線の速弾きで表現したものと言われています。祝い歌であり、エイサーのトリの定番になっています。宴会や民謡酒場で必ずと言っていいほど演奏される「ゾメキ歌」（浮かれて騒ぐの意味）の1つです。

構成

(1) 構え
(2) 前奏・間奏・後奏
(3) 右・下・左で2回
(4) 回る
(5) 10回
(6) タタンタン、タタンタン
(7) 回る
(8) 12回
　　(3)～(8)を繰り返す。

【歌詞】　沖縄県民謡

唐船ドーイ　さんてーまん
一散走えーならんしや　ユーイヤナ
若狭町村ぬサー　瀬名波ぬタンメー
ハイヤ　センスル　ユイヤナ

　これは1番の歌詞で、ほぼ定式化しています。ただ、2番以降の歌詞には無数のバリエーションがあり、三線ヒチャー（弾く人）やその場の雰囲気によっては10番以上延々と続くこともあるそうです。

「唐船だぞーい」と騒いでも
一目散に走らないのは
若狭町村の瀬名波のお爺さん

用意するもの●パーランクー　ばち
音楽CD『唐船ドーイ』
運動会での服装●半そで　半パン

動き方

(1) 構え
・正対して立つ。
・左手にパーランクー、右手にばちを持つ。

(2) 前奏・間奏・後奏　　（唐船ドーイ　さんてーまん）

●前奏

① 唐船ドーイさんてー

音楽が始まったら、右足を後ろに引き、三線に合わせ細かくたたく。前後に揺れながらリズムをとる。

② まん

「まん」に合わせて左足を大きく踏み込み、強くたたく。

(3) 右・下・左で2回　　（一散走えーならんしや）

① 一散

右に踏み込んで、頭の高さで1回たたく。

② 走ーえー

右足を踏み込み、しゃがんで下で1回たたく。

③ ならんしや

立ち上がって、左足を踏み込んで、2回たたく。

(4) 回る　（ユーイヤナ　若狭町）

①

左足からたたきながら回る。

② ユーイヤ

頭の高さでたたきながら回る。

③ ナ

④ 若狭

腕を前に伸ばし、胸の高さでたたく。

⑤

たたいた後、両側に開く。

⑥ まぁ

もう一度胸の前でたたく。

⑦ ち

ばちも腕も上に伸ばす。

唐船ドーイ

(5) 10回　（村ぬサー　瀬名波ぬタンメー）

① 村

ばちを上げた後、しゃがんで、下で1回たたく。

② ぬサー　瀬名波ぬ

すぐに立ち、前後に揺れながら細かく9回たたく。

③ タンメー

頭の高さでタンタンタンと3回たたく。

(6) タタンタン、タタンタン　（ハイヤ　センスル　ユイヤナ）

① ハイヤ

しゃがんでタタンと2回たたく。

② センスル

ジャンプして、頭の高さで1回たたく。かかとをお尻につける。

③ ユイ

もう一度繰り返す。

④ ヤナー

繰り返す。

(7) 回る（歌詞はなく間奏）　[（4）と同じ動き]

① 左足から回る。

② 頭の高さでたたきながら回る。

③

④  腕を伸ばし胸の前でたたく。

⑤ たたいた後、両側に開く。

⑥ もう一度、胸の前でたたく。

⑦ ばちも腕も上に伸ばす。

(8) 12回　（歌詞はなく間奏）

① ばちを上げた後、しゃがんで、下で1回たたく。

② すぐに立ち、前後に揺れ、細かく10回たたく。［前奏①や(5)②と同じ動き］

③ 12回目は左足を大きく踏み込み、強くたたく。［前奏②と同じ動き］

運動会での構成例

入場～安里屋ユンタ1・2番
指揮台を向いて演技

指揮台

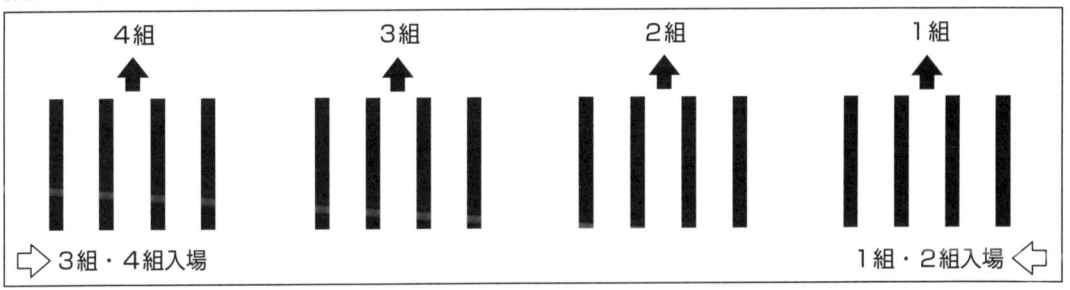

4組　3組　2組　1組

▷ 3組・4組入場　　　　　　　　　1組・2組入場 ◁

安里屋ユンタ3・4番
左右を向いて演技

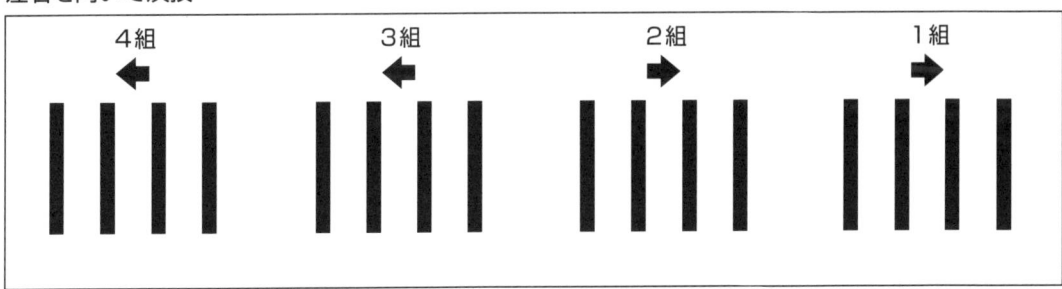

指揮台

4組 ←　3組 ←　2組 →　1組 →

安里屋ユンタ5番～唐船ドーイ
指揮台を背にして演技

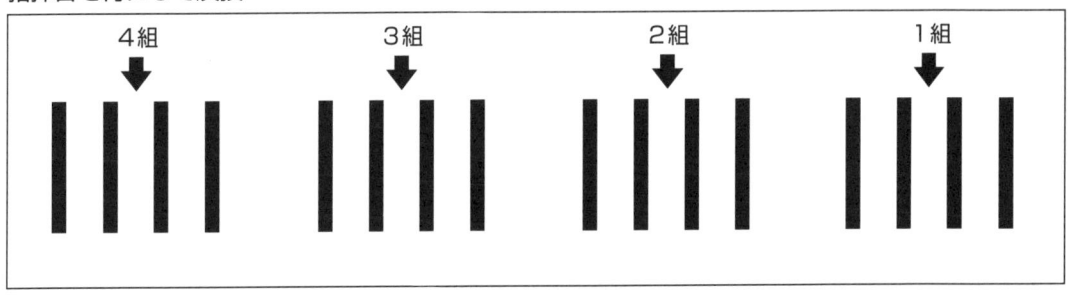

指揮台

4組　3組　2組　1組

①入場門から入場し、指揮台を向いて整列する。
②安里屋ユンタの1・2番は、全員が指揮台を向いて演技。
③2番の後の間奏で、パーランクーをたたいて足踏みしながら、左回りで向きをかえる。
　　1組と2組…左へ270度回って右向きになる。
　　3組と4組…左へ90度回って左向きになる。
④3・4番は、この向きで演技。
⑤4番の後の間奏で、③と同様に向きをかえ、全員が指揮台に対して後ろ向きになる。
⑥5番～唐船ドーイ（最初から最後まで）は、この向きで演技。
⑦太鼓の連打などで退場門から退場する。
（大阪府堺市立東百舌小学校・狭間俊吾教諭の実践を参考にしました）

こきりこ

低学年

　富山県の五箇山(ごかやま)地方に伝わる踊りです。「陸の孤島」と言われたほど深い山奥の村々で、1年の半分以上が豪雪に閉じ込められてしまいます。「こきりこ」は、農民たちが農作業の中から生み出し、秋祭りや田植え祭りに踊った素朴な芸能踊りの1つです。それが室町時代に放下僧（職業的遊芸人）に受け継がれ、全国各地に広められていきました。

　「こきりこ」に使う竹は、合掌づくりの民家の屋根裏で長年煙にくすぶらせたものを用いると言われています。竹を打つ動作が面白く、快い響きを楽しみながら低学年の子どもたちにも楽しんで踊れる踊りです。

用意するもの●「こきりこ」の曲（アコーデオンやピアノ演奏、またはCD）　しの竹…1人2本　荷物ひも
運動会での服装●半そで　半パン

※「わらび座の民舞指導シリーズ」としてミュージックCDやビデオなどが販売されています（日本電波ニュース社）。

こきりこ竹のつくり方

① しの竹の切り口から1cmのところにキリで2つ穴をあける。
② 白の荷物ひも（ビニール）を32cmに切り、5本そろえて中央をきつく結ぶ（白の毛糸でもよい）。
③ ひもをそれぞれ2つの穴に通し、しっかりと結ぶ。
④ 結んだ所が動かないようセロハンテープで巻いておく。
⑤ 荷物ひもを細く裂いてできあがり。

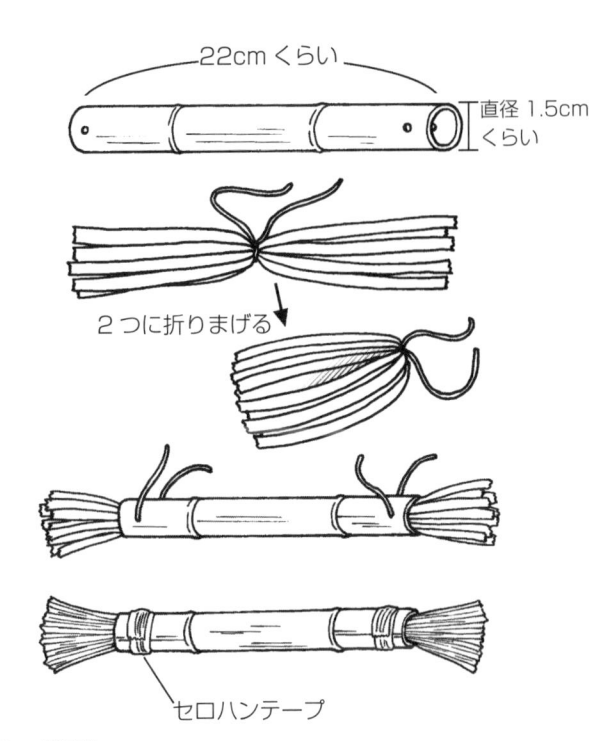

22cmくらい
直径1.5cmくらい
2つに折りまげる
セロハンテープ

指導計画

第1時	オリエンテーション（教師が踊る・説明） 歌の指導（1番） こきりこ竹の打ち方（1）
第2時	こきりこ竹の打ち方（2） Eの動き
第3時	Eの動き 2番A・Bの動き
第4時	2番A・B・C・Dの動き 空間構成（1）
第5時	2番復習 空間構成（2）
第6時	1番A・B・C・Dの動き
第7時	1番・2番の復習
第8時	空間構成（3）
第9時	班ごとの練習
第10時	発表会と批評
第11時	作文

全体的な指導のPoint

① こきりこ竹の快い響きに気をつけて打ち、生き生きとはずむように踊れるようにする。

② 友だち同士で教え合い練習をする中で、よい動き方に気づいていくようにする。

③ 一斉授業の後、すぐ班学習に入れるように、次のように並ばせて指導する。

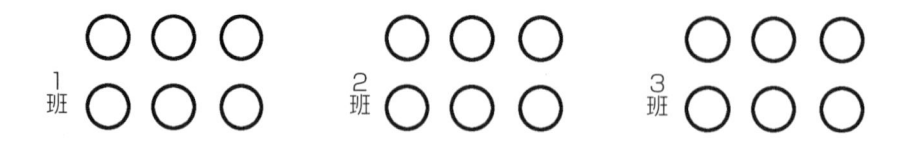

```
    ○○○        ○○○        ○○○
1班              2班              3班
    ○○○        ○○○        ○○○

              ●
            （教師）
```

④ 毎時間、班ごとの学習をして、その時間の目標が全員できるようにする。できないと、子どもは踊りがきらいになり意欲を失っていくので注意。

⑤ 目の動きはその踊りの表情をつくる。手足の動きをおぼえてから顔の方向や目の向きを指導するのではなく、手足の動きの前に体の方向性とともに指導するようにする。

⑥ だらだらと歯切れの悪い踊りになりがちなので、リズムの強弱、静と動、勢いのつけ方などに心を配り指導することが大切。

動き方

(1) 振りとポイント　富山県民謡

1番　こきりこの丈は　7寸5分じゃ　長いは袖の　かなかいじゃ
　　　　　A　　　　　　B　　　　　　C　　　　　　D
　　　※窓のサンサもデデレコデン　はれのサンサもデデレコデン
　　　　　　　　E

2番　おどりたかおどれ　泣く子をいくせ　ササラは窓の　もとにある
　　　　　A　　　　　　B　　　　　　C　　　　　D
　　　窓のサンサもデデレコデン　はれのサンサもデデレコデン
　　　　　　　　E

　　　（2番のC・Dの動きは、2番のA・Bの動きの繰り返し）

1. コ キ リ コー の ー た け はー し ちー すー ん
五ー 分ー じゃ な がー いー はー ー そ での ー
か な かー いー じゃ ー ま ど の サーン サもー
デ デ レ コー デン は れ の サーン サもー デ デ レ コー デン

3番　向いの山を　かづことすれば　荷縄が切れてかづかれん
　　　※繰り返し
4番　向いの山に　鳴くひよどりは　鳴いてはさがり鳴いてはあがり
　　　※繰り返し
5番　朝草刈りの　目をばさます　朝草刈りの目をさます
　　　※繰り返し
6番　月見てうたう　放下のこきりこ　竹の夜声のすみわたる
　　　※繰り返し

(2) こきりこ竹の打ち方

その1

① 右手のこきりこ竹を左手のこきりこ竹にのせるようにしてやさしく打つ。

② 次は、手首を返して左手のこきりこ竹を上にのせながら打つ。

左手　　　　　　右手　　　　　　左手　　　　　　右手

③ 左右の耳のわきで打つ。
④ 曲の音に合わせて繰り返す。

その2 …2番のB・D

① 右頭で左頭をたたく。
② 左を返して左尻で右頭をたたく。
③ 右を返して右尻で左尻をたたく。
④ 左を返して左頭で右尻をたたく。

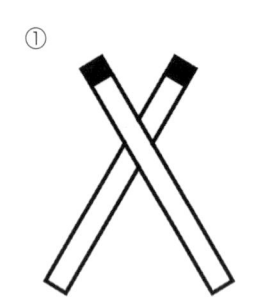

① ② ③ ④

※先の黒い方が頭

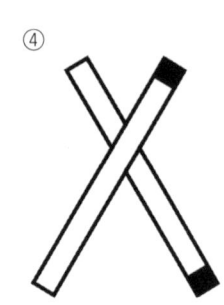

(3) Eの動き

1　窓のサンサも

左から右へ横に歩きながら、両腕を左上から下に下ろして右上へ、半円を描くようにゆっくり回す。回し始めに勢いをつけるのと、体を伸びきらせるのが大切。目はこきりこ竹を追う。

2　デデレコデン

デデで左足を右足の前に出し、腰を低くして止まり、レコで1回、デンで1回、こきりこ竹を打つ。体を斜めにして、右耳のそばでこきりこ竹を打つ（こきりこ竹の打ち方その1）。

3 はれのサンサも

右から左への移動で1と同じ。

4 デデレコデン

デデで止まり、レコデンは左耳のそばで打つ（こきりこ竹の打ち方その1）。

5 1～4を歌いながら繰り返す。

(4) 2番Aの動き

1 おどりたか

「おどり」で左足を右足の前にけり上げるように上げて、右足でとびながらこきりこ竹を右上で高く打つ。
「たか」で左足でとんで左上で打つ（こきりこ竹の打ち方その1）。

2 おどれー

1と同じようにとんで、腰の位置でこきりこ竹を左右で打つ。

(5) 2番Bの動き

1 泣く子を

両手を右から8の字を描きながら大きく回す（2回回す）。

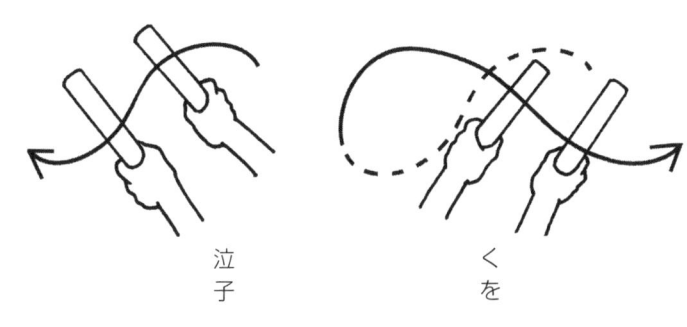

泣子　　　　　く を

2 いくせー

こきりこ竹の打ち方その2で打つ。こきりこ竹は、できるだけ高い位置で打つ。

(6) 1番Aの動き

1　左右、こきりこ竹は肩の高さで止める。
2　歯切れよく前進する。
3　目はこきりこ竹の動きを追う。

(7) 1番Bの動き

1　右足から後ろに下がる時、大きく伸び上がって、こきりこ竹を回し肩の高さで止める。

2　こきりこ竹を勢いをつけて回し、肩の高さまでこきりこ竹が来たら動きを一瞬静止させる。

(8) 1番Cの動き

こきりこ竹を打つ時は、快い響きを出すように心がける。

(9) 1番Dの動き

1　腕をまっすぐに伸ばし、大きくこきりこ竹を回す。
2　回し終わったら、左肩にこきりこ竹を流し、動きを一瞬静止させる。

運動会での構成例

その1
1 班ごとに前時のEの学習を生かして前列後列の入れかえをする。
2 Eのこきりこ竹を回すところで移動させる。
3 2番の踊りを繰り返し曲に合わせる。

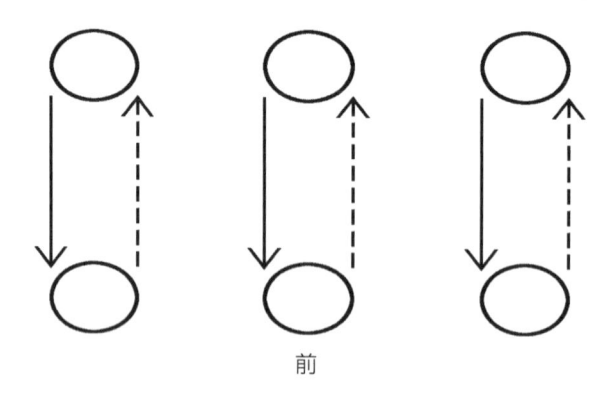

前

その2 班ごとに円になって、Bの動きで円の中心に向かい、Dの動きでもとにもどる。

1班6人での構成例

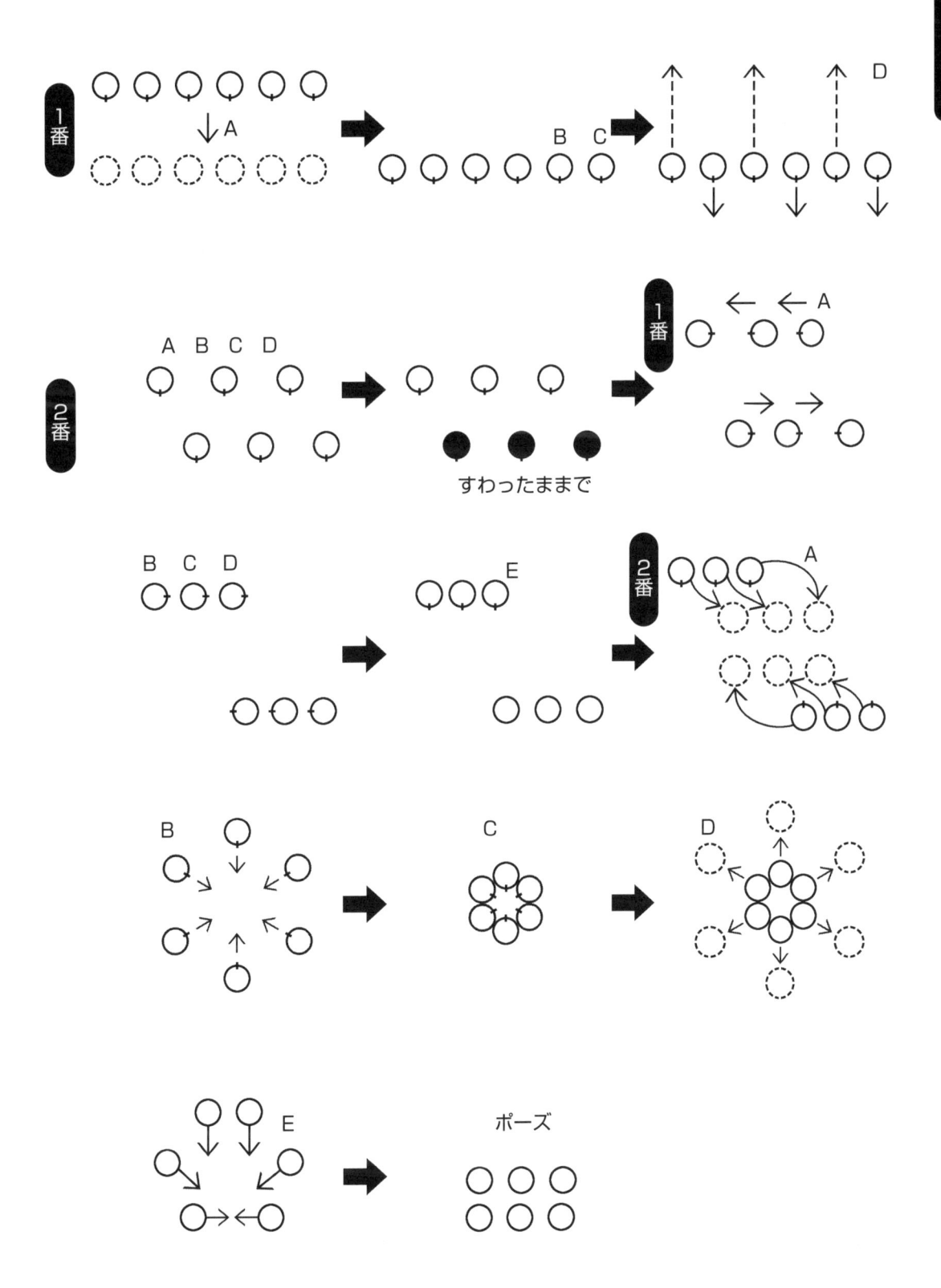

1番

2番

すわったままで

1番

2番

B C D E A

ポーズ

こきりこ

【編著者紹介】
黒井信隆（くろい のぶたか）

1949年生まれ
元大阪府東大阪市立大蓮小学校教諭
学校体育研究同志会会員　大阪保育研究所研究員

【著書】
『水遊び＆水泳ワンダーランド』
『すぐできる！クイック体育遊び＆体ほぐし』
『つまずき解消！クイック体育上達法』
『軽度発達障害[LD・ADHD・高機能自閉症など]の子を
支援する体育遊び』
『みんなで「うまくなる」ための本
体育遊び・体ほぐしスペシャルBOOK』

【共著】
『0〜5歳児のたのしい運動あそび』
『まるごと日本の踊り　小学校運動会BOOK演技編』（以上、いかだ社）
『子どもを伸ばす形成的評価』
『体育のめあてを生かす授業と評価』（日本標準）
『教育実践事典』（旬報社）
『幼児・学童期の運動あそび』
『ワッとわく授業の上ネタ』1〜3年・4〜6年（フォーラム・A）

雑誌「楽しい体育・スポーツ」（創文企画）
「スポーツのひろば」（新日本スポーツ連盟）などに執筆

【執筆協力者】
楠橋佐利	大阪府豊能町立光風台小学校教諭
本郷美代子	元大阪府東大阪市立弥刀小学校教諭
渡邉英樹	大阪府岸和田市立朝陽小学校教諭
有馬昌代	大阪府枚方市立樟葉北小学校教諭

協力●琉球國祭り太鼓
イラスト●いなみさなえ／今井亜美／上田泰子／種田瑞子
楽譜制作●アルス ノヴァ
本文DTP●渡辺美知子デザイン室

まるごと日本の踊り＆組立表現
小学校運動会BOOK 演技編 Part2

2013年5月15日　第1刷発行

編著者●黒井信隆 ©
発行人●新沼光太郎
発行所●株式会社いかだ社
　　　　〒102-0072 東京都千代田区飯田橋2-4-10 加島ビル
　　　　TEL 03-3234-5365　FAX 03-3234-5308
　　　　振替・00130-2-572993

印刷・製本　株式会社ミツワ

乱丁・落丁の場合はお取り換えいたします。
ISBN978-4-87051-391-4

本書の内容を権利者の承諾なく、営利目的で転載・複写・複製することを禁じます。
日本音楽著作権協会（出）許諾第1304603-301号

いつも教師の本棚に　**いかだ社の教育書**

教室で教えたい
放射能と原発
子どもと考える授業のヒント
江川多喜雄・浦辺悦夫【著】
定価（本体 1,300 円+税）

みんなで「うまくなる」
ための本
体育遊び・体ほぐし
スペシャル BOOK
黒井信隆【編著】　定価（本体 1,800 円+税）

みんなでなでしこ
まるごと女子サッカー
上達法
「じゃまじゃまサッカー」
からはじめる男女フットボール学習
山本雅行【編著】　定価（本体 1,800 円+税）

特別支援に役立つハンドブック vol.1
体育遊び・ゲーム
体を動かす楽しさを伝える
教材 BEST30
大宮とも子【編著】　定価（本体 1,400 円+税）

軽度発達障害
[LD・ADHD・
高機能自閉症など] の
子を支援する体育遊び
豊かな運動感覚づくり
黒井信隆【編著】　定価（本体 1,600 円+税）

すぐできる！
クイック
体育遊び&体ほぐし
楽しい遊びで力が身につく
ベスト 45
黒井信隆【編著】　定価（本体 1,300 円+税）

つまずき解消！
クイック体育上達法
できる・うまくなる体育の種目 45
黒井信隆【編著】　定価（本体 1,300 円+税）

つまずき解消！
クイック水泳上達法
みんなで泳げる！誰でも泳げる！
水慣れ遊びから着衣泳まで 55
牧野満【編著】　定価（本体 1,400 円+税）

水遊び&水泳
ワンダーランド
スイスイ遊べて泳げちゃう
ベスト 81
黒井信隆【編著】　定価（本体 1,800 円+税）

笑劇！教室でできる
10 秒マジック　【実演 DVD 付】
子どもの心をつかむ
クイック手品ベスト 22
藤原邦恭【著】　定価（本体 1,800 円+税）

学級遊びの教科書
教師が選んだ
学校で楽しむ遊びの定番 50 + 2
奥田靖二【編著】　定価（本体 1,500 円+税）

恐怖の 5 分間
子どもに話すこわ～い話
全 3 巻（低学年・中学年・高学年）
山口理【著】　定価各（本体 1,300 円+税）

なるほど韓国
おもしろ BOOK
朝鮮半島の歴史　古代から朝鮮王朝
康熙奉【著】　定価（本体 1,400 円+税）